园·启·班·承

构建富有
博物意识
的幼儿园课程

华东师范大学出版社
·上海·

叶冠鸿 高 燕◎编著

图书在版编目(CIP)数据

园启班承:构建富有博物意识的幼儿园课程/叶冠鸿,高燕编著. —上海:华东师范大学出版社,2024.
ISBN 978 - 7 - 5760 - 5664 - 8

Ⅰ. G612

中国国家版本馆 CIP 数据核字第 2024J0S445 号

园启班承:构建富有博物意识的幼儿园课程

编　　著　叶冠鸿　高　燕
责任编辑　沈　岚
特约审读　陈成江
责任校对　姜　峰　时东明
装帧设计　卢晓红

出版发行　华东师范大学出版社
社　　址　上海市中山北路 3663 号　邮编 200062
网　　址　www.ecnupress.com.cn
电　　话　021 - 60821666　行政传真 021 - 62572105
客服电话　021 - 62865537　门市(邮购)电话 021 - 62869887
地　　址　上海市中山北路 3663 号华东师范大学校内先锋路口
网　　店　http://hdsdcbs.tmall.com

印 刷 者　上海颛辉印刷厂有限公司
开　　本　787 毫米×1092 毫米　1/16
印　　张　11.75
字　　数　258 千字
版　　次　2025 年 3 月第 1 版
印　　次　2025 年 3 月第 1 次
书　　号　ISBN 978 - 7 - 5760 - 5664 - 8
定　　价　68.00 元

出 版 人　王　焰

(如发现本版图书有印订质量问题,请寄回本社客服中心调换或电话 021 - 62865537 联系)

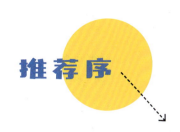

大自然就是最好的老师

——幼儿教育中的科学传播与博物精神

何 鑫

上海自然博物馆(上海科技馆分馆)副研究员

生态学博士,上海科普作家协会理事

对人类而言,教育是我们得以生生不息、不断发展的基础,人类始终站在前人的基础上不断前行。在狭义上,教育本来指的是专门组织的学校教育,其中也涵盖幼儿教育。在学校教育中,基于众多科学学科门类实施的教育占据了其中的重要部分。而在广义上,教育的本义其实指影响人的身心发展的社会实践活动。无论在幼儿园还是中小学,在校园内外,科学知识都是教育的重要内容,科学传播当然也是教育的一种重要形式。

与校外相比,对人的个体发展而言,学校内,学校本身,作为一种有计划、有组织地进行系统教育活动的组织机构,其所实施的教育无疑发挥着更为重要的作用。在人类社会高速发展的今天,与公式化的应试教育相比,素质教育早已成为教育者关注并付诸实践的重要内容。与大多数时候采用限定空间和时间所进行的应试教育相比,素质教育更不易受时空所限。同时,素质教育与应试教育也绝非毫无关联。无论是中小学、大学,还是幼儿园,对学生而言,书本中所谓的应试内容,如果能使学生萌发出的好奇与兴趣,唤起他们内心对于知识的主动求索,鼓励他们实施主动的探究,素质教育其实就随之水到渠成了。而在素质教育范畴中,以自然博物为代表的科普教育在任何年龄段都可以实现广泛的参与。

从人类整体的发展历史来看,正是智人对于外界环境的好奇与兴趣、求索与探究,才使得这个物种自 20 万年前在非洲诞生后,从距今 6 万年前开始,在相对短暂的时间内,从非洲的故乡走遍全球,超越了以往其他人类家族的物种。对于外界环境的敏锐观察和总结,最终催生了智人在数千年前开始建立真正的文明,并最终随着对于自然认知的不断深化,在最近的数百年间真正产生了科学,并以此极大地推动了人类社会的演进。事实上,当我们以幼儿园作为开始,在人生的各个阶段进行学习时,所学习的正是人类从数万年到数千年前、再到最近数百年间所积累的对于自然界的认知精华。

但是,随着学科分工的日益精细,对中小学而言,无论是教育者还是被教育者,都已经习惯科目与科目之间的分离。这当然无可厚非,不同课程之间的体系差异只会随着年龄增长愈发细致。但有一点似乎被人们忽略了,那就是回到我们这个物种的文明伊始,我们为什么产生了学习。事实上,在生命世界中,趋利避害是基本的生存法则。只不过对绝大多数生物而言,对于外界环境只能依靠自身的感知去了解和把握。而只有人类形成了抽象的概念,将一个个体的经验,最开始以口口相传的模式开启相互学习,其目的正是为了认识与了解自然万物,将对自己有利的为我所用。

识万物,正是博物之意。当人类社会已经发展到一些人依靠一些方式无须再为生存所发愁时,他们中的一些人,得以将人类作为一个自然界物种的好奇心继续不断发扬,进而推动着社会的进步。回顾古今中外,无论是东方古典文化中辨识万物分门别类之风,还是近代西方的博物学起源,都是人类好奇心的体现。最终,当以观察自然界的动物、植物、矿物等的博物学最终发展为探究物体更为深入的内在本质时,以物理、化学、生物学为代表的科学也终于随之产生。可以说,科学在本质上就与博物息息相关,科学教育、科学传播当然也与博物学有着深刻的内在联系。

但是,我们很容易发现,随着年级的上升,与科学直接相关的学科教学内容很容易陷入一种愈加专业化与公式化的状态。从科学的发展脉络来看,这当然无可厚非;但如果仅仅以此来学习科学知识、理解一门学科,那是远远不够的。科学的本质就是认知身边的自然世界,倘若受教育者与自然世界割裂,无法体验到科学的实质,那么他所受到的科学教育一定是不完整的,也很容易在学习后被遗忘。

那么如何才能在如今的教育中更好地实现科学传播、培养博物精神呢?幼儿园教育的重要性在此就凸显出来。作为学龄前教育,幼儿园与中小学最大的不同就是学科之间还没有明显的分工,教育的主题内容仍然是调动身心、启发兴趣,这就为博物意识的培养提供了良好的契机。本书作者依托多年积累丰富的教学经验,为我们呈现的这本《园启班承:构建富有博物意识的幼儿园课程》就是幼儿园博物教育领域中一部不可多得的佳作。它可以很好地帮助教师开拓学生在大自然中的视野,激发他们的博物精神,以及对于科学现象的好奇,从而引发进一步的求索与探究。

在全社会大力推进生态文明建设的背景下,普通公众对于自然保护的关注力度在提升,博物文化事实上也愈发复兴。追根溯源的话,现代博物馆的起源正是最初博物爱好者收集自然万物的好奇柜。对一个幼儿园或学校而言,完全能够利用和发挥自身的优势,因地制宜地建立自然类小博物馆或者博物展厅,甚至只是建立一个与自然相关的观察角、收集角,带领孩子们进行鸟类、昆虫、植物等自然观察活动。这就是他们成长过程中的"好奇柜",在激发他们对于大自然的兴趣的同时,潜移默化地启蒙他们的自然保护意识,也为未来的科学探究奠定基础。

从更长远来看,以幼儿园为代表的校园如果能够从自身的特点出发,将科学传播与博物精神贯穿在教育体系和校园文化中,势必能够在全民科学素养的提升中增添浓墨重彩的一笔。以博物精神作为脉络,大自然永远是我们最好的老师。

目录

1

前 言

"博物课程"因何而起?

1

第一章

启动社会行走,
点燃博物热情

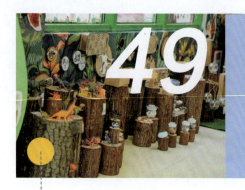

49

第二章

建设常态馆，
创设园本博物环境

129

第三章

发起动态馆，
探索班本化实践模式

169

后 记

凝聚在校园文化中的
博物意识启蒙

前言

"博物课程"因何而起？

上海市普陀区万里城实验幼儿园（以下简称"万里城幼儿园"）坐落在普陀区经济核心区域（万里街道），随着区域经济及学前教育的发展，逐渐从一所新兴幼儿园转变为上海市的示范性幼儿园。为何万里城幼儿园能如此迅速地发展？这与我们对幼儿园课程的不断思索和优化密切相关。本书记录和分享了我们在课程改革方面的探索与实践，如何充分挖掘本地博物资源，如何将博物教育理念融入幼儿的一日生活中，从而激发幼儿、教师以及家长的博物意识。我们希望通过记录课程优化的过程，总结出有价值的经验，并形成基于实践的观点，以引发在这条道路上共同前进的教育者们的思考。

从理念的引领角度看，近年来，幼儿园的课程领导力受到教育者的广泛关注，"幼儿园的课程如何优化？""教师的课程领导力有哪些具体表现？""谁是课程领导者？"成了热点话题。其中，幼儿园的课程是核心要素，优质的课程实施方案成为高质量幼儿园教育的重要组成部分。我们秉承"呵护天性，激发潜能，文化启蒙，和孩子们一起探索更大的世界"的理念，在"儿童视角""儿童立场""幼儿优先发展"等教育原则的指导下，不断进行实践和反思，寻找儿童博物教育与幼儿园课程之间共通的桥梁。

从建设课程的角度看，万里城幼儿园关注博物教育并非一时兴起，它与幼儿园原有的社会性课程特色有诸多相通之处，是在原课程研究的基础上逐步深化发展而成的。

■ 万里城幼儿园园本课程建设的第一阶段聚焦探索幼儿的社会性发展，强调"合作分享"，鼓励幼儿在互动中学习。

■ 园本课程建设的第二阶段围绕"塑造成长小公民"展开，教育目标是打开幼儿园的大门，翻越学校的围墙，让幼儿走出幼儿园，走向更广阔的世界。在这一阶段，园本课程采用"3＋3"模式，即"三大主题博物馆"加上"三小公民特色活动"。从关注"我"到关注"幼儿园"再到关注"社会"，鼓励和支持幼儿在实践中经历，在玩中学习。正是在这个阶段，万里城幼儿园初次接触到儿童博物教育。

■ 园本课程建设的第三阶段,对儿童博物教育的内涵有了更深入的理解,希望与幼儿、家长乃至社区一同构建出更高质量的家园社协同育人模式。教师也逐渐意识到"博物意识"在儿童教育中的价值,即广泛关注、深入观察、静心欣赏、积极探究①,期望通过博物教育为儿童开启探索世界的独特视角。

从儿童视角和"人"的兴趣看,最初选择创建具有博物意识的幼儿园课程,源于教师对博物馆、艺术展览、文物展览、沉浸式展览等的个人兴趣。不少教师利用个人时间参观学习这些展览。这得益于国家、城市乃至社区对博物教育的逐步重视和广泛宣传,营造了良好的观展氛围。同时,在幼儿园里,教师经常发现孩子们小心翼翼地收藏找到的果实、宝贝或颜色鲜艳的石头,并乐于与同伴分享。这些行为类似于布置好奇柜,用桌子或角落来收藏和展示他们喜爱的物品。

"好奇柜"亦称"珍奇屋",即在一个特定的空间里储存并展示稀有新奇的物件,这些藏品包括史前动植物标本、化石或者炼金术师所钟爱的各色稀缺宝石矿石等。后来逐渐延伸到人文领域,包括古董文物、宗教礼器、工艺品、体现异域风情的珍禽异兽、科学或医疗仪器等具有收藏、文献和观赏价值的物品。它被视为近代博物馆的前身。

教师欣喜地发现,当幼儿对物品产生兴趣时,会将它们收集起来,然后关注、欣赏、观察和探究,"博物"的种子自然而然地在他们内心慢慢萌芽。

北京师范大学刘孝廷教授指出:"博物教育的根本是教以成人,它是一种整体性的教育、技能化的教育、社会化的教育、生存教育、智慧教育和跨文化的教育。"他还提到:"'湿知识'具有情境依附性、非逻辑性、非公共性等特点。'湿认知'是一个感受、体会与体验的过程。而博物教育则是一种'湿教育'。它弥补了传统教育的'缺'性,通过营造适宜的学习氛围、动员必要的资源调动学生的'湿认知',并彼此共享个人知识、分享经验、交流实践心得体会。"②万里城幼儿园的"具有博物意识的课程"正是在前两个阶段课程探索的基础上孕育而生的,是进一步的深化,它源于师生的共同兴趣与喜爱,为我们的研究提供了坚实的基础。

基于家园社协同育人的理念,我们尝试更多地利用社会上的博物馆资源,并与它们积极合作。在园本课程建设的第三阶段,我们通过"儿童博物+(实践)""儿童博物馆日"和"亲子博物馆游"三条路径来实施特色课程,实现对"博物"的聚焦。这三条路径在形式上涉及幼儿园各类活动,如主题活动、家长教育、亲子活动等;在地域上涵盖幼儿园内的儿童博物之家、博物角、班级分享角以及园外的社区、博物馆等各种场所;在内容上关注自然、艺术、科学、历史文化等多个领域

---

① 虞永平.儿童博物馆与幼儿园课程[J].幼儿教育,2010(10):7-9.

② 引自铁铮,张先勇,张迪.儿童博物教育:让教育更富有诗和远方[J].绿色中国,2022(03):76-79.

的融合。

　　同时,我们申请了区级课题"基于儿童视角的幼儿园博物馆创建的实践与研究",尝试从儿童视角出发,探索幼儿园成为适宜儿童的博物馆的价值、要素、原则、实施路径以及资源建设等方面。在研究过程中,万里城幼儿园的幼儿、家长、教师的博物意识有了显著增强,初步积累的经验也通过多个渠道得到宣传,产生了一定的社会影响力。例如,《新民晚报》发表文章《幼儿园"博物馆"激发孩子好奇心》,介绍万里城幼儿园的博物课程。

　　本书呈现的正是我们第三阶段聚焦于"儿童博物教育"后关于课程理念、课程目标以及整体框架的梳理,也是我们通过主题实践、家园社资源将博物教育融入共同性课程①的实践路径。我们希望借由这些研究和实践,助力万里城幼儿园的每一个孩子成长为"健康活泼、自主自立、博玩探究、合作乐群"的新时代儿童。

---

① 基于上海市二期课改学前教育教师参考用书形成的幼儿园主体课程。

第一章

启 动 社 会 行 走
点 燃 博 物 热 情

　　教师作为知识的传授者和引导者，其对博物学的兴趣能够直接影响儿童的兴趣以及计划和实施儿童博物教育的广度和深度。当教师对博物学充满热情时，他们能够通过生动的讲解、有趣的实验和丰富的实践活动，激发儿童对自然、历史、文化等领域的好奇心和探索欲。当家长对此认同并参与进来形成教育合力，就可以为儿童提供一个充满探索氛围的学习环境，在日常生活中为儿童提供更多的实践机会和体验，这种环境能够潜移默化地影响儿童，令他们受到鼓舞和激励。

教师作为课程领导者之一，其在课程实践中的反思与再实践是推动幼儿园课程逐步优化的关键力量。在这一过程中，教师的情感认同尤为重要。只有当教师自身对博物学充满兴趣，他们才能将这份热情传递给幼儿，引导他们一同积极探索。

当教师接触儿童博物教育这一新事物时，他们的本体性知识和共同学习的氛围显得尤为关键。因此，构建学习共同体、营造积极的学习氛围，以及提供专业的学习支持，都是推动教师深入学习的有效途径。在这样的环境中，教师能够从"我喜欢"的初始阶段逐步过渡到"我愿意尝试"的积极实践阶段，在轻松愉快的氛围中主动学习，实现个人专业成长的跨越。对儿童博物教育的深入学习和情感认同，不仅有助于优化教师的儿童观、教育观与课程观，更能丰富园本课程实践。

一、丰富教师个体体验

当教师能够将自己的喜好、兴趣与教学工作相结合时，他们会更加投入和热情地开展活动，从而提升活动的效果和质量。当教师与幼儿分享自己的喜好和兴趣时，幼儿会感受到教师的真诚和亲近，更愿意参与活动，与教师形成积极的互动。为了让博物教育在万里城幼儿园扎根，我们做的第一步便是鼓励和支持教师丰富自身的博物经验，点燃他们对博物学的热情与兴趣。

从兴趣到经验再到意识的过程可以概括为：首先，个体对某种事物或活动产生兴趣，这是由其内在的心理需求和认知倾向性驱动的；其次，在不断的实践活动中，个体逐渐积累经验和知识，这些经验通过感性和理性的认识过程被整合和提升；最后，随着经验的不断深化和积累，个体的意识逐渐形成并发展，能够更好地觉察和理解自身和外界环境。

（一）鼓励教师基于兴趣走访博物馆

我们鼓励教师在日常生活中根据自身兴趣参观各类博物馆、展览。有的教师热衷于探索历史文化,他们选择参观历史博物馆,通过观赏珍贵的文物和历史遗迹,更加深入地理解历史的发展脉络和文化内涵;有的教师对自然科学充满好奇,他们前往自然博物馆,近距离观察动植物标本,了解地球的演变和生物的多样性;还有很多教师喜欢各种艺术展,沉浸在色彩、美学、装置等带来的视觉冲击以及无尽创想中。通过亲身感受博物馆的魅力和氛围,教师更加直观地了解博物教育的价值和意义,不仅增长了自身的各种知识,更受到启发,进而思考如何将博物教育融入幼儿园课程,以及由此为幼儿带来的发展可能性。

案例　　走访中国丝绸博物馆

走访感受:在那次博物馆的探索之旅中,我和孩子被一个独特的蚕宝宝培育区深深吸引,它揭示了丝绸历史的脉络与蚕丝文化的深邃。此行不仅让我们目睹了蚕的生命周期,也揭示了不同生长阶段蚕的养护秘诀。这个体验对我的工作产生了启示,尤其是关于幼儿园自然角的蚕饲养。我了解到,蚕的生存环境需要精确控制温度,桑叶的处理亦需谨慎,必须保持干燥并冷藏以确保新鲜,还要定期更换桑叶以防腐坏。这些细微的护理操作解答了我们以往在实践中遇到的困惑。(赵喆菁)

案例 走访宝龙美术馆

走访感受:我参观了宝龙美术馆里艺术家黄喆的个展"光入变"与"公园前 202 号:汉风美学新媒体艺术展"。这两场展览都大量采用了光影设计,是一次视觉享受,更是一次启发我博物意识的旅程。在光与影的游戏中,我自然而然地对周围环境产生了好奇和探索的欲望。在光影的变换中,我体验到时间的流逝和空间的扩展,通过展览中的互动装置,我亲手触摸和操纵光影,这给我带来了极大的震撼。(董开妍)

案例 走访观止矿晶博物馆

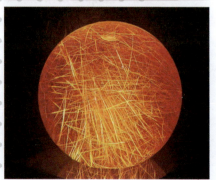

走访感受:我个人对翡翠、玛瑙等玉石尤为喜爱,便去参观观止矿晶博物馆。馆舍小巧,却藏珍纳宝,矿物、化石、陨石、奇石琳琅满目,令人眼界大开。二楼的珍宝殿堂有光彩夺目的"女皇金""锁云"与"水胆琥珀蜥蜴化石"。在讲解员的引导下,我沉浸于矿晶的结晶奥秘、岩石分类与矿石硬度的科学世界,更深入地理解了透光性、纹理的生成过程,以及这些特性如何影响宝石转化为饰品后的保养策略,让我对石头生命的领悟更添一分。(李诗扬)

案例　走访国家地理经典摄影大展

走访感受:在这场摄影展中,令我印象最深刻的是展览的情境构建与互动体验。我常在作品前驻足深思,挖掘细节,期待触发出灵感火花。我探寻展品美学深处的自我述说与情感涌动,通过自我对话,如"作品何以如此"和"观感为何",与作品产生共鸣。在熙攘的观展人群中,我亦乐于观察现场的观众,无论是静心观看的,还是交耳相谈的,他们都是展览叙事的一部分,感受他们也是理解展览的另一个维度。观展之后,我习惯浏览评论,借他人视角丰富自我洞见,深化对展览的多元理解。(施俊威)

案例　走访秦始皇陵博物院

走访感受:浸润于秦始皇陵博物院,我深感古人的卓越智慧与中华文化的博大精深。在导游的启迪下,我专注于鉴赏,洞察秋毫,倾听历史的低语。博物馆之旅,实为一场提升观察力的盛宴,孕育了科学研习的敏锐洞察。"如果给孩子们介绍兵马俑,我该如何做?"这个问题在参观的过程中始终萦绕脑中。儿童虽然是天生的探索者,但教师能够激发他们更细致的感官的探索,引导他们捕捉微妙之处。正如导游对我们的引领,对细节的洞察水平是我作为教师需要提升的。(殷舟捷)

(二)支持教师根据主题探访博物馆

在开展幼儿园综合主题活动的过程中,教师会遇到资源紧缺的现象。我们支持他们有意识地利用博物馆的资源,让幼儿在主题学习中获得更真实的体验。我们根据教学主题的需要,组织教师前往相关博物馆学习,让教师能够更加深入地了解主题内容,为教学提供有力的支撑。在实地参观博物馆的过程中,我们鼓动教师积极参与互动活动,与博物馆工作人员进行交流,了解展品背后的故事以及布展互动的逻辑。这些交流环节,不仅增强了学习的趣味性,也让教师更加深入地了解了博物馆的教育功能和社会价值。

案例 可以行走的桥——上海科技馆桥梁工程师实践

源于孩子们的自主游戏,他们对桥梁萌发了浓厚的兴趣。"如何把桥造得牢固?""桥有哪些造型?""桥上可以通行多少人?"这些问题是他们十分关心的。万里城幼儿园的教研团队主动联系了上海科技馆,定制了主题培训。此次培训主要围绕桥梁的设计与搭建展开,目的是让教师亲身参与体验桥梁设计,理解其中的科学原理和工程实践。

经过与博物馆专业人员的多次沟通,将培训内容确定如下:

1. 集中讲解：介绍桥梁设计的基本理论和基本方法。

2. 设计与搭建：教师与孩子一起设计和搭建各种类型的桥梁模型。

3. 质量检测：教师和孩子一起测试桥梁模型的承重能力，观察不同结构组合下的承载效果。

4. 反思与总结：教师和孩子共同反思和总结学习过程中的发现与心得。

通过这样的专题培训，教师不仅学到了关于桥梁工程的专业知识，更重要的是增强探究精神、解决问题的能力，掌握了更多与孩子互动沟通的方法。这种体验式学习让教师能够更深刻地理解学科知识，并将其应用于日常教学中。

博物馆和展览为教师提供了丰富的教学资源。教师可以通过参观博物馆和展览来丰富自己的教学内容和形式，使教学更加生动有趣。教师在参观过程中也在不断地学习和提升自己的专业素养。他们需要了解展品的背景、历史和文化内涵，以便更好地向幼儿传授知识和解答问题。参观博物馆和展览还可以促进教师的教学反思。教师可以通过观察幼儿的表现和反应，反思自己的教学方法和策略是否得当，从而不断改进和优化自己的教学实践。

（三）培养教师成长为专业"博老师"

万里城幼儿园抓住机会，与上海自然博物馆（科技馆分馆）达成合作，成为"馆校合作"项目学校之一，教师可以定期参与由博物馆组织的"博老师研习会"和"校本课程开发"。"博老师研习会"通过基于项目学习的场馆教育活动设计，帮助教师增强利用场馆资源、研发课程以及储备专业学科知识的能力。"校本课程开发"是围绕自然博物馆的资源包课程开发，让教师学习如何基于实物、问题和情境进行教学，从而成为能够利用科普场馆资源开展基础型、拓展型和研究型教学的专业人才。

案例 博老师研习会：太阳系的缩影（上海天文馆天文观测实践）

在幼儿园，孩子们经常表现出对航空航天内容的浓厚兴趣，应对这些兴趣需要教师拥有丰富的本体性知识，"博老师研习会"能够弥补这一不足。在学习过程中，教师不断探讨怎样将航天知识有效地融入教学中，并以何种形式结合幼儿的兴趣来开展。在一次于天文馆内开展的"博老师研习会"上，教师了解到可以用具象化的方式来表现太阳系的规模，例如，将太阳比作西瓜大小，火星比作葡萄大小，水星则是绿豆大小。这种直观的教学方式不仅提升了教师对相关知识的理解，也能直接应用于他们的教学实践中。

教师将自己学到的知识和创新的教学方法活用于班级活动中，孩子们对天文学的兴趣显著增强，他们开始注意夜空中的星星，并对宇宙产生了强烈的好奇心。教师也意识到，通过具象化的教学方法能有效帮助孩子理解抽象的天文概念。

博物馆作为知识的具象化呈现载体，其丰富的资源和独特的教育功能为学校提供了极佳的合作机会。万里城幼儿园不仅拥有定期参与由博物馆组织的"博老师研习会"的机会，可以有针对性地、专题性地让教师和幼儿参与相关科普活动，拓宽他们的视野，也拥有与博物馆一起开发、实践博物课程的机会，这不仅丰富了孩子的学习体验，同时也为万里城幼儿园的教育创新开辟了新路径。

2022年,上海自然博物馆(科技馆分馆)的教育研发团队推出原创的"课本中的自然博物馆"馆校资源包,邀请万里城幼儿园的教师试用其中适合幼儿园年龄段的内容,提供反馈意见。这是一次将博物馆资源引入课堂的机会,教师采取了多种方法融合主题经验与资源包内容,通过展示博物馆展品的图片、播放讲解视频、音频,提供操作材料,给予孩子多种感官经验,不仅增加了共同性课程的趣味性,也极大地激发了孩子们的学习兴趣。

师幼共同模仿蝴蝶飞舞的形态　　　　　　　　师幼借助资源包拼搭螳螂

通过与博物馆合作开发课程,教师成功地将博物馆的静态展品转化为生动的学习材料,让孩子们在真实情境中学习和探索。这种教育方式极大地拓展了孩子们的想象力,同时培养了他们对知识的好奇心和探索欲。更重要的是,这种合作模式提供了宝贵经验,启示我们尽可能地利用社区资源以创新方式丰富课堂内容。

博物馆与幼儿园的合作是一次成功的教育创新实践。通过此次合作,我们看到了博物馆教育资源的巨大潜力及其与传统教学结合的无限可能,教师群体对"博物教育"的认同逐渐增强。教师开始更主动地思考如何将博物意识融入日常教育实践中,为幼儿创造更加丰富、多元的学习体验。

二、凝聚集体教研力量

万里城幼儿园积极构建教师共同体,以此作为深化教研活动的关键。在传统教研模式中,核心人物虽能引领方向,但也存在局限。因此,我们致力于打破教与被教、带领与被带领的固有模式,以一线教师为主体,构建平等、开放、共进的学习共同体。具体做法有以下四点。

其一,聚焦场馆创建,凝聚教师智慧

我们以在幼儿园里创建儿童博物馆为实践平台,鼓励教师与幼儿共同探索。基于幼儿兴趣和已有经验,结合自由打卡、小组式学习等互动方式,有目的、有计划地在教室或公共空间精心呈

现一些具有重要博物价值的事物,在幼儿园内创设幼儿自己的儿童博物馆,供儿童观察、操作和欣赏。这不仅是一个物理空间的构建,更是教师专业发展和教育创新的试验田。

其二,明确共同目标,强化团队凝聚力

我们鼓励教师在共同任务中设定明确目标:可以是情感上的,如共同策划博物馆启动仪式、创编馆歌等;也可以是认知能力上,如共同探讨活动难点、学习策展技巧等;还可以是指向能力的,如共同学习如何设计与制作地图等。通过一起做事、共同努力,教师的凝聚力得到增强,专业成长也更为显著。

其三,确立团队文化,营造和谐氛围

我们鼓励教师共同体自行确立自己的团名、团规和团队文化。例如青年教师共同确定了"追梦人研习社"这个名称。达成共识的团队文化不仅能增强团队的凝聚力和归属感,也营造出和谐、积极的氛围,这些都为教师共同体的持续存在奠定了坚实的基础。

其四,激发创新思维,推动团队发展

我们特别重视年轻教师的创新力量,尤其是团队中的 90 后教师,他们有着创新的思维,我们鼓励他们提出感兴趣的研究项目,并支持他们去尝试。例如,针对"如何打造一个玩具博物馆",我们鼓励教师共同探索,分享各自的见解和实践经验。这不仅为团队带来了活力,也促进了团队成员之间的交流与碰撞,推动了团队的整体发展。

案例   如何打造一个玩具博物馆?

第一步:了解幼儿兴趣,基于儿童视角行动。

为了了解孩子们对在幼儿园创建博物馆有何想法,教师在小班、中班和大班都开展了"博物馆大调查"。许多小班和中班的孩子都表达了想要一个"玩具博物馆"的愿望。经过教研讨论,教师决定启动一个"创建玩具博物馆"的项目。那么,如何在幼儿园内打造一个"玩具博物馆"呢?

第二步:梳理问题清单,带着问题寻找答案。

面对这一全新的项目,青年教师既感到兴奋又觉得迷茫。他们整理出一份问题清单,包括从何处着手,如何将其与现有课程进行整合,如何确保玩具博物馆的教育性与趣味性等多方面的问题。

我的问题	需要的支持(我的建议)

第三步:借助教研活动,利用团队的力量。

教研团队组织了一次全国教研活动。

主持人:当你不知道该如何处理这些事情时,你可以通过多种方式先搜集资料,例如上网搜一下,很快便会有所发现。比如,搜索"玩具",你就能立刻知道世界上有名的玩具有哪些。要注意有效地分组以提高工作效率。大家可以按照各自的特长分组。比如,擅长文献搜索的可以组成一个文献搜索小组,熟悉图书的可以组成图书资源组,熟悉网络的可以组成网络搜索组。现在就开始行动吧。

教师1:我了解到玩具有很多种类,我参观过泰迪熊博物馆和汽车博物馆,发现小朋友们都很喜欢模型汽车和可爱的玩偶。

教师2:有一个叫作"年代玩具博物馆"的地方,里面的玩具是按照不同年代展示的。

园长:我搜索后发现了很多有趣的信息,像汽车博物馆、韩国玩具博物馆、微型博物馆等,从中我们可以看到它们的创建理念以及其他许多有价值的信息。

教师3:我认为资料搜集非常重要,学习才能开阔思维。

教师4:我们还应该不断听取孩子们的意见,并和他们进行互动。例如设计一些游戏让部分孩子们先尝试,看一看效果如何。

主持人:很好,你提到的正是博物馆里的活动设计,这直接关联到对孩子探索品质的培养。同时,博物馆中不可或缺的还有视觉设计,也可以有一个小组专门搜集这方面的信息。

园长:我们已经有了视觉设计、活动设计、文献搜索等小组,你们可以自己选择加入哪个小组。小组成立后,大家都来谈谈有哪些初步的想法。

教师开始自由走动,寻找合作伙伴并交流自己的想法。一开始,大家都有些犹豫,但随着几位外向的教师开始行动,其他人也逐步加入进来。

第四步:展开儿童议会,倾听幼儿心声

经过充分的准备和讨论,教师团队组织了一次儿童议会。听取了近150名幼儿的想法,通过投票最后确定创建"动画玩具博物馆",同时选出了孩子们最喜欢的六大动画主题——奥特曼、冰雪女王、超级飞侠、小猪佩奇等,作为分馆的展示内容。

以上案例说明了如何围绕"打造一个玩具博物馆"的任务来构建教师学习共同体,这个过程经历了四个关键阶段,每个阶段都促进了教师的成长和团队的协同发展。

阶段一:自由分组,兴趣和同伴成为教师行动的催化剂。在这个项目中,需要文献搜索、内容设计、视觉策划、活动组织等多个小组。教师根据项目内容自由分组,选择队长。教师选择参与哪个小组的原因各异,有的因为共同的兴趣,有的因为相同的特长,也有的是因为好友关系,但无论哪种理由,最终他们在行动时有了同伴,而非孤单前行。

阶段二:自主计划,研讨和调整体现了教师的课程领导力。在项目启动后,小组成员自发建立了交流群组,抽出时间进行讨论和策划,共同制定探究任务的内容与时间安排。各小组负责人之间也保持同步沟通,确保每个小组涉及不同内容,不会出现重叠。

阶段三:深度互动,及时解决任务中的困难和困惑。在幼儿园层面,为各小组提供了多方面支持,如提供资金购买资料、联系专家提供培训等。各组的集体会议打破传统模式,会议前预先准备问题清单,再有针对性地引入指导,及时的问题提出与深入讨论提高了集体教研的效率。多种类型的思维导图在此环节中发挥了重要作用,帮助青年教师明确任务方向。

阶段四:多方评价,基于实践和反思调整目标。我们利用开放日让教师、家长、幼儿参与评价。例如在玩具博物馆初步创建后,来自教师的评价指出需要增加安全标识、投票箱位置不合理的问题;幼儿体验后也提出了建议,如:"白色的墙面和光滑的楼梯不好看。""参观的人会不会撞到悬挂的玩具?""最好能真的玩一会玩具再投票。"根据这些反馈,各组改进自己负责的任务内容。这样的评价不再是单向的"一言堂",而是广泛接纳建议,主动调整,有助于更好地实现目标。这也减轻了青年教师感到"被教"和"被带领"的压力。

成功建立并顺利运行教师学习共同体后,原本处于核心地位的老教师尽可能地退后,我们也由此看到初步的成效——青年教师没有被理论束缚,也没有被毫无经验吓倒,他们积极地投入其中,并发出自己的声音。教研团队将这一项目实践成功达成的原因归结如下。

第一,有温度的组合形成了宽松的氛围,增强了责任心。在合作过程中经常可以看到教师间的默契,听到越来越多的暗号。项目实践中组成的小团体由于兴趣相投,其中的每个人都敢于表达意见,产生了对任务负责的自主意识,形成了各组之间良性竞争的氛围。

第二,目标明确的任务激发了内驱力,增强了积极性。通过提前赋予任务的方式,让教师从被动听讲解转变为由任务驱动的自主求知。他们能够从项目化的思路出发,以有趣的问题为导向,在任务环境中与同伴、孩子一起创建自己喜欢的博物馆,从而加深了对课程内容的理解。教师学习共同体的运行中不仅仅重视知识传授和技能训练,更注重在项目化学习过程中让教师和孩子们都能亲身体验和内化所学所看。

第三,多元及时的支持解决了难题,增强了自信心。幼儿园层面提供了多种支持。例如:提供问题清单帮助青年教师梳理问题并根据清单提供针对性支持;为教师创造打卡的机会,让他们能够自主积极地参观博物馆,了解策展元素并与课程建立联系;提供幼儿发展评估指标、相关文献资料,帮助青年教师理解幼儿发展的核心素养;针对关键问题,提供专家支持、方法和策略。不断的成功经历增强了教师的信心,使他们更愿意投入到实践中去。

在我们的团队中,没有传统意义上的处于专业领导地位的教师,也不存在教与被教的氛围和模式。我们提供的是一份精心策划的支持资源清单,包括专家资源、理论书籍及外部援助等,以鼓励教师自主探索与实践。我们看到,项目团队中的教师能够自发地"自由组合",以兴趣为纽带与同伴形成小组。他们通过深度互动自行梳理问题清单,邀请专家进行针对性指导,在自主计划的推动下,自发创建群组,沟通并制订活动计划,展现出了极高的自主性和协作精神。在评价环节,我们摒弃了单一的指标式打分方式,而是引入家长、幼儿、教师的多方评价。投票箱中的每一票都代表了对玩具博物馆的喜爱,这种评价方式更加公正和全面。我们惊喜地发现教师的内在驱动力得到了充分激发,他们通过亲身实践,对博物课程有了更深刻的理解,同时也充分展现了他们的创意与才华。

以项目的方式构建教师学习共同体,从自主性、自由度、自选权和自发行为等方面给予教师充分的空间,使他们成为课程领导的一员,真正让专业成长转化为每个人的内在需求。教师对儿童博物教育的情感认同在自然而然地生发,教师自身的博物意识也在实践中生根发芽。在从园本到班本的课程实践中,我们发现,增强教师的博物意识需要内在驱动力的推动,这离不开自由的氛围、及时的支持、创新的评价以及教师自身的课程领导力。

　　为幼儿提供丰富的博物教育机会和内容，不仅是幼儿园的工作。家庭、社区和社会各自拥有独特的教育资源，当这三者形成紧密的联结时，幼儿园可以充分利用这些资源，从多个角度为幼儿提供支持和指导。

一、组织家长社群，获认同与支持

　　家长的认同与支持对幼儿园开展博物教育具有举足轻重的重要性。这不仅关系到教育的质量，还直接影响幼儿的学习体验和成长发展。家长和幼儿园是孩子成长道路上的重要伙伴，当家长对博物教育表示认同并支持时，他们会更加积极地参与到孩子的教育过程中，与幼儿园形成强大的教育合力。这种合力能够确保孩子在园内外的教育环境中都能得到一致和连贯的教育，从而增加教育的效果。另一方面，博物教育不仅局限于幼儿园内部，还需要延伸到家庭和社会中。当家长对博物教育给予足够的关注和支持时，他们会更加注重孩子在这些方面的培养。

　　家长与课程的实践者需要在理念上达成深度共识、在实际行动上协同并进。我们依托家长社群进校园、博物志愿者、七日亲子营等形式，积极为家长提供社群参与的途径，并对家长展开相关的主题培训。

　　参与幼儿园实践的家长需要仔细观察，捕捉自己在课堂情境中萌生的疑问和困惑，并有意识地进行记录，再借助家长学校汇总问题，与家委会代表、课程组教师、班级教师进行沟通。幼儿园基于这些来自家长的困惑，给予有针对性的解答和反馈，以进一步增强家长对幼儿园博物教育的理解和支持，从而吸引家长更积极地主动参与，促进家园之间的紧密合作与深度共育，共同推动幼儿的全面发展。

　　例如，在每年秋季开学初，我们都从各班征集家长对"博物教育"的疑问，并借助"全园家长大会"这一平台，与家长进行多次深入的交流与探讨。园长亲自主持面向家长的沟通会，以"一个幼儿园就是一座博物馆"为主题，生动而详尽地阐释幼儿园开展博物教育的价值，以及家庭参与并共同协作的重要作用。各班教师会根据每年新生成的家长疑问，进行总结、梳理，从而形成新的应对方案,在各班开展的家长会上进行更具体的沟通。

以下是在万里城幼儿园的家长会上进行沟通的部分内容:

■ **问题:家长总会带着自己的目的和想法让孩子参观博物馆或者开展学习,经常出现催促、打断等现象,儿童到底是怎样学习的?**

答:儿童是快乐的游戏者,也是独立、自由的个体。他们在与周围环境的互动中,通过直接感知、实际操作和亲身体验,建构自己的知识和经验,进而创造新的自我。他们以不同的方式学习,以不同的方式搭建基础知识,以不同的方式构建想法。他们需要成人以尊重、理解为前提的积极帮助和引导。这就需要我们真正了解每一个孩子,一起去观察他们在干什么,问了哪些问题,需要我们帮助什么,需要我们回答什么,我们可以提供什么支持。总的来说,我们要一起认识到:孩子不仅仅是小大人,我们要让他们有机会提出自己的问题,并找到答案。同时也要关注,让孩子在做中学,在游戏中探索,在生活中感受,在行动中成长。这也正是万里城幼儿园的办园理念——"读万卷书、行万里路"。它与教育家陶行知的核心教育思想是一致的,生活即教育,社会即学校,教学做合一。

■ **问题:去博物馆参观和幼儿园里学习有什么关系? 儿童可以在博物馆里学到什么?**

答:儿童博物教育以及3—6岁儿童的发展教育理念是基本一致的。博物馆里有真实的展教资源、丰富多样的展品以及综合性的应用情境,能从视觉、听觉、感知、操作等多方面为幼儿园课程增添真实的主题资源、有趣的问题情境和生动的教学材料。我们不仅可以在幼儿园内学习,也可以翻越学校的围墙,像历史学家、科学家一样去博物馆学习,在幼儿园和博物馆之间架一座来去自如的桥梁,让幼儿的学习和成长经历更加丰富。

1. **博物馆里看历史**。博物馆最核心、最优质、最与众不同的资源就是实物,真实的文物代表着历史。当孩子在电影博物馆中看到小蝌蚪找妈妈的影片,他们会好奇地问:"动画片是怎么做出来的?""我们自己能做动画吗?"影片引起孩子对它背后的历史、文化的好奇,这无疑是一个能和他们一起探究动画来源以及形成的重要契机。

2. **博物馆里增审美**。著名画家毕加索曾说过:"孩子是天生的艺术家。"孩子们对于艺术有敏锐的审美直觉能力。《3—6岁儿童学习与发展指南》中不断地出现"感知""欣赏""表达""表现"这样的关键词,其实就是指表达艺术能让孩子拥有一双发现美的眼睛,当孩子具备了感受、欣赏这个世界真善美的能力时,他们就会成为一个热爱美、热爱生活、积极向上、全面发展的人。当孩子欣赏凯斯·哈林的线条小人时,他们不仅对他的色彩和线条叹为观止,还自发地想要创造世界上最大的和最小的凯斯·哈林小人加入艺术家的作品并为之努力。这就是孩子从欣赏到感知,从感知到实际操作的过程。

3. **博物馆里能创造**。儿童博物教育可以很好地激发孩子的好奇心。当孩子看到实物时会产生联想和好奇心,他们想要拥有自己的博物馆,想象自己也能成为一位博物馆的馆长。在我们给予孩子留白的空间以及一定的参观经验后,他们会把自己喜欢的物品集中在一起,收藏、陈列、取名,邀请同伴来参观,久而久之,孩子的创造力会越来越强。

4. **博物馆里长见识**。多带孩子去看博物馆,就如同带孩子去世界各地旅游。如果你没有去过某些地方,你就不会认识更多新鲜的事物、发生有趣的故事。而去博物馆也和旅游一样,我们可以随时谈论参观的感受,拍照记录自己喜欢的展品,和父母一起记录自己印象最深刻的事件等。当我们积累了许多照片或一本本满载回忆的博物记录本以后,我们的经历也越来越丰富,这些回忆一定能够促进孩子将来对博物馆的喜爱,让长大后的他们愿意主动走进博物馆,了解更多不同地域的文化。

5. **博物馆里促思考**。由于博物馆内展品的真实性会对幼儿的视觉及感知带来强烈的冲击,他们会不由自主地发问与讨论。例如,看到巨大的霸王龙模型时,他们会惊叹并提出各种问题:"恐龙喜欢吃什么?""现在世界上怎么没有恐龙了?""恐龙是五颜六色的吗?"看到上海大世界中80年代的怀旧生活用品时,他们会好奇地问:"这是什么?""以前爸爸妈妈的玩具怎么玩?""电视机里怎么没有颜色?"我们无须刻意询问,便能在真实的情景中听到孩子的提问。同时,针对孩子的爱好带他们去不同的博物馆,他们的思考水平会在环境刺激下不断提升。孩子想收藏、乐观察、能互动、会创新的博物意识也随之不断增强。

■ **问题:以往我们去博物馆都喜欢带着孩子拍照片,如果真的要好好逛一个博物馆,家长可以做些什么呢?**

答:**逛博物馆的第一个关键是有趣**。选择博物馆应该基于孩子的兴趣,让孩子觉得博物馆是一个好玩的地方,这是很重要的。孩子人生中的第一个,甚至最初的几个博物馆的选择很关键。可以根据孩子平时的兴趣爱好来选择,或者根据博物馆的互动性和趣味性去选择,务必关注孩子的年龄特点,而不是将知识和能力的学习作为首要考虑。

逛博物馆的第二个关键是有效互动。有效互动指孩子在逛博物馆时,需要的是可以共情的同伴,这里的同伴可以是家长或年龄相仿的小伙伴。同伴的意义在于我们从同一个视角去观察同一事物,遇到共同的兴趣可以互相交流,身份平等且互助。作为家长同伴,在转换身份时,最重要的是去观察自己的孩子,不要干涉,尽可能地用"接下来我们将看到什么?""苹果在不同行星上重量有什么不同?""火星的温度是怎样的?"这类开放性问题锻炼孩子的思维,鼓动孩子讲故事并表达自己的想法、描述自己的动作。要让孩子感到你不是高高在上的,而是他的好朋友。

■ **问题:我们可以带孩子看哪些博物馆?**

答:博物馆是时代的缩影,是建筑与文化的碰撞。每一座博物馆内都珍藏着不为人知的故事,宛如一本生动的历史书。那些形形色色的展品,凝聚了各种往事的记忆,仿佛构成了一个宝库。走进博物馆,其有限的空间为我们提供了无限的时间和空间维度的体验。在博物馆的方寸之间,我们可以一览千年,一步一景一世界。

我们向家长推荐以下博物馆:

1. 上海本地的各大博物馆。

2. 国内富有特色的博物馆。

3. 在线观赏世界各地的著名博物馆资源及其纪录片。

■ **问题:在进行"儿童博物教育"的过程中,十分注重社区、社会资源的利用,我们和幼儿园可以如何有效利用这些资源?**

答:思考这个问题时,我脑海中浮现出丹麦的儿童教育模式。曾有一篇报道,标题为"在每一寸土地上呼吸着学习",深深地打动了我。在丹麦,自然教育就是通过走出教室门,体验真实的生活,奔跑、攀爬、使用自然物制作玩具,这些都是日常的学习活动。历史和文化课程仅需走入城市,只要是老师带领学生参观,各个博物馆及其他公共设施均免费开放,城市的每个角落都隐藏着知识的宝藏。在丹麦的学校操场上,地面的涂鸦都是由孩子们设计的,迷宫探险、袋鼠跳跃、球类比赛等各式各样富有创意的游戏充斥着校园的每一个角落。

确实,以幼儿园现有的条件难以复刻博物馆里系统、完整的资源。同时,这些公共资源还无法为孩子提供更多的沉浸式学习场景。但令人鼓舞的是,越来越多的人开始认识到博物教育的意义,更多的地区和学校加入儿童博物教育的行列中,我们很高兴家长也成为其中的一员。

我们与上海自然博物馆建立了馆校合作关系,共同开发了主题为"昆虫联欢会"的博物馆课程资源包,获得了更多的机会和资源。我们可以定期邀请博物馆的专业教师入园指导、分享科普知识,并组织孩子们及亲子家庭参观各类博物馆,启迪孩子们对历史时空、科技世界、艺术领域、动植物大自然等方面的多元认识。教师、家长社群也可以经常走进博物馆学习相关知识。在刘海粟美术馆老师的指导下，孩子们策划举办了自己的毕业画展；在自然博物馆里，我们开展了关于恐龙和蝴蝶的探索活动。这些经历对孩子们来说，都是值得终身铭记的。我们能做的是，发掘更多可用资源，带领我们的孩子走出课堂，走向更广阔、真实的世界。

如果得到各位家长的认同和参与，我们相信博物教育一定会给孩子的童年带来不一样的成长经历。对儿童而言，从小养成参观博物馆的习惯，会对博物馆产生亲近感，对博物馆文化也会更加认同。心理学家皮亚杰曾说："教育的真正目的不是增加儿童的知识，而是创造一个充满智慧刺激的环境，让儿童自行探索，主动获取知识。"博物馆所具备的真实性、直观性、互动性、媒介性和故事性等特点，是其在儿童教育中的优势所在。

因此，我们需要共同**努力做好三件事。首先，我们需要对儿童博物教育有一个共同的美好愿景**。让孩子能够倾听自然、感受美好，让他们在自主收藏的过程中发现自己的兴趣和学习方式，进而释放自己的天性。**其次，我们需要家园社三方协同盘活身边的博物资源**。幼儿园的博物教育以幼儿为中心，以班级博物馆为主题，以园级博物馆为实践场所和资源库，以社会场馆为补充。家长可以倾听幼儿从幼儿园带回家的好奇与问题，利用周末和节假日带孩子走进博物馆进行深入体验。在行走与实践中，在出与入的循环中，让孩子们在真实的世界里探索和解决问题，把已经学到的知识应用到生活中，成为能活学活用的人，成为心智自由的人。**最后，我们要基于"问题、情境、实物"的学习方式走遍各类博物馆**。基于问题的学习方法指捕捉幼儿的问题，并带他们参观博物馆来解答问题。基于情境的学习方式指让孩子在真实情境中去感知，无论是在博物馆、家里、还是社会场馆都可以。基于实物的学习方式指博物馆内有真实的展品和丰富的多媒体资源，可以带给孩子直观的感受，让孩子不仅成为博物教育的接受者，也成为传播者和宣讲员。

二、基于课程需要，启动社会行走

一次优质的课程经历，往往能够转变家长对儿童、教育及课程的认知，成为点燃他们参与热情的关键。为此，我们积极邀请家长共同参与到探访博物馆的实践活动中，并记录下自己与孩子共同度过的真实、生动且充满感悟的时刻。这些记录不仅是家长与孩子共同成长的见证，更是他们内心体验和对课程理解的深刻表达。通过这种方式，家长逐渐从旁观者转变为实践中的主角，他们对课程的理解也不断深化。

社会行走的核心意义在于深化课程内容与幼儿实际生活的联系。基于课程需要的社会行走，旨在通过引导幼儿亲身参与、实地体验的方式，将抽象的课程知识转化为直观、生动的社会感知。这种行走并非单纯的外出游玩，而是根据幼儿园课程内容的需要精心选择适宜的行走场所，如博物馆、公园、社区等，使幼儿在行走中能接触到真实的社会现象，感受社会生活的丰富多彩。

通过观察和体验,幼儿能够更深入地理解课程内容,增强对知识的兴趣和探究欲望。同时,基于课程需要的社会行走也是家园共育的重要途径。通过家长的参与和陪伴,幼儿能够在行走中感受到家庭的温暖和支持,增强亲子之间的情感纽带。此外,家长的参与还能为幼儿园课程提供更多的资源和支持,促进课程的丰富和发展。

因此,开展基于课程需要的社会行走,不仅能提升幼儿园课程的实效性,还能促进幼儿的全面发展,实现家园共育的良好局面。为此,幼儿园需要做好以下步骤。

(一) 梳理并丰富社会行走的准备

1. 理论准备

汇总幼儿园课程理念及目标、家长问题情境与解答、园长讲座编成**《一个幼儿园就是一座博物馆》**理论学习手册,让家长了解社会行走的目的和关键步骤以及其对幼儿的发展的价值。

2. 合作准备

为了便于幼儿记录、表征,也为了能够完整地留下三年社会行走的足迹和回忆,万里城幼儿园设计了一份"儿童博物馆小护照"。从自我介绍开始,"小护照"处处彰显每个幼儿的个性和特色,幼儿可以在上面手绘自己的头像。"小护照"不仅用于博物馆的打卡记录,还有各年龄段社会场馆资源推荐,让家长清晰地了解三年中园所推荐的打卡内容,了解幼儿园想与孩子共同探寻的问题,从而为家庭指明社会行走的方向。充足的留白页面支持孩子绘画、记录,让他们用自己的方式表达想法。"小护照"还留出了签到盖章作为参观证明或教师敲章以示鼓励的位置。

小·班博物馆（园所推荐）

打卡地	地址	类型	探究内容推荐
上海自然博物馆	上海市静安区北京西路510号	自然	生命长河、演化之道、大地探秘、缤纷生命、生态万象、等10个常设展区展厅、4D影院
上海昆虫博物馆	徐汇区枫林路300号（近斜土路）	自然	昆虫生命厅、昆虫与人类厅、昆虫文化厅、互动实验室
上海儿童博物馆	上海市长宁区宋园路61号	科学历史	互动阅读阅读、探索区、图书馆
上海消防博物馆	长宁区中山西路229号	科学历史	互动体验空间、互动虚拟火灾实验室
上海金晶玩具博物馆	虹口区凉城路1315号	科学历史	博物馆的展示方式有多种多样,既有常规性的陈列展示,也有运用多媒体科技展示的一系列方式,比如、互动、演示、教学、体验...

中班博物馆（园所推荐）

打卡地	地址	类型	探究内容推荐
上海玻璃博物馆	宝山区长江西路685号	艺术	儿童玻璃博物馆、透明时光镜、DIY工作坊
上海无极美术馆	甘泉园花园港路100号C2馆	艺术	花海世界、光的复习（这是光和影的神秘游戏）
上海电影博物馆	徐汇区漕溪北路595号	艺术	一号摄影棚、动画电影工作室、化妆服装工作室、动画长廊、星光大道
上海地铁博物馆	闵行区莘中路1799-7号	科学历史	地铁文化、地铁安全、5D电影、地铁应急行走体验
上海眼镜博物馆	静安区宝昌路533号	科学历史	眼镜的世界、眼镜的设计与文化
上海昆虫博物馆	徐汇区枫林路300号（近斜土路）	自然	昆虫生命厅、昆虫与人类厅、昆虫文化厅、互动实验室

大班博物馆（园所推荐）

打卡地	地址	类型	探究内容推荐
上海科技馆	浦东新区世纪大道2000号	科学历史	"自然·人·科技"的大主题
上海城市规划馆	青浦区人民大道100号	科学历史	"上海1930风情街"、"上海之光"艺术模型、"神奇上海之旅"演示厅
上海世博会博物馆	青浦区自励路818号	科学历史	瞭望平台、官博瞭阅、方圆瞭揽台
上海市历史博物馆	青浦区南京西路325号	科学历史	"序厅"、"古代上海"和"近代上海"和"尾厅"
上海邮政博物馆	虹口区天潼路395号（近四川北路）	科学历史	邮票与集邮展区、特殊材质邮展示手柜
吴美术馆	浦东新区沧浦之路2277号1号	艺术	"宣言""见者的书信""虚、构"
无美术馆	浦东新区罗山路2255号210号	艺术	毛主席视察上钢三厂、女挤和她的母鸡、红石
刘海粟美术馆	长宁区延安西路1609号	艺术	五代共全的《溪山兰雨图卷》(传)、北宋巨然的《茂林叠嶂图轴》(传)、金代拳早的《四猴图图卷》
上海观止矿石博物馆	闵行区先锋街66号	自然	化石、翔石、岳石

"小护照"中各年龄段社会场馆推荐

"小护照"中供幼儿填写信息、做个性化记录的区域

3. 工具准备

我们推荐并和家长一起收集各种能够帮助孩子学习的方式。例如:**儿童专用相机,**用于随时拍下喜欢的展品,最好是能够即时打印的,让幼儿及时体验成就感;用手机视频拍摄记录下幼儿生成的问题与兴趣以及孩子与展品互动,鼓励幼儿操作手机记录动态或有故事性的展教资源;制作**简易海报**以回顾社会行走的全过程,培养幼儿的叙事能力;**亲子绘本**是用于记录的空白本子,大小适宜,每次进入场馆都能带着,既是孩子的珍贵回忆,也是方便的记录工具;**便利签**可用于记录点滴童言稚语,回到家中后,家长可以与孩子一起回顾或就某一个话题进行深入讨论;**家庭空间**是在家庭中创设的留白区域,允许孩子根据喜欢的主题收集、收藏、布展。更多的学习方式将在家园合作的过程中被发现和实施收集,总有一款最适合某个家庭。

案例　小小博物家旅行记(中班亲子实践)

阶段一:光影游戏引发的探究兴趣

在中班的探索室里,彩色玻璃积木成了孩子们的新宠。当灯光关闭、特定光线照射,孩子们惊奇地发现积木在桌面上投射出有趣的影子。"哇,有相同的影子映在桌面

上了。"再仔细看看,这些影子都是有形状的。这一发现激发了孩子们对光影的好奇心,他们纷纷尝试在家中利用阳台上的光线进行搭建,享受光影游戏带来的乐趣。

针对这一现象,教师向家长提出了开放性的亲子提问与沟通建议,推荐了相关绘本和视频资源,以进一步拓宽孩子们的视野。

教师给予的家庭指导建议如下:

- 亲子问题:这些彩色的玻璃是怎么做出来的?玻璃还有什么用处?

- 绘本推荐:《无可匹敌的玻璃》。

- 视频推荐:《中国最值得观摩的三大博物馆之一——玻璃博物馆》。

阶段二:趣游玻璃博物馆

孩子们根据自己的兴趣,以个别或小组形式进行博物馆打卡亲子游。教师设计了包含开放性问题的任务表,引导孩子们关注最喜欢的场馆、展品、参观路线以及玻璃的演变历史等内容。孩子们和家长通过图画、文字等方式记录下自己的发现和感受。

教师给予的参观指导建议如下:

- 参观前需要提前预约或购买参观票。

- 提前和孩子商量展馆的参观路线或最想看的展品。

- 参观过程中需要保持安静,爱护每一件展品。

- 在玻璃博物馆里可以体验玻璃制作的过程,家长和幼儿可以自愿体验。

- 参观结束后,和孩子一起做一些简单的记录,鼓励幼儿用画笔记录自己最真实的感受,家长可以用简单的文字进行记录。

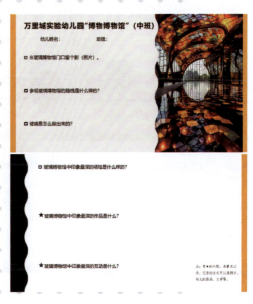

教师设计的参观记录

幼儿用小海报的形式记录下自己的发现

阶段三:万里玻璃馆发布会

回到幼儿园后,教师根据孩子们的兴趣点,围绕玻璃制品的制作方法、颜色来源、制作材料以及用途等内容开展小组探究活动。最终,孩子们举办了一场参观"万里玻璃馆"新闻发布会,分享自己的感受、作品和经历。

幼儿以新闻发布会的方式向现场以及线上观看直播的同伴
分享自己关于玻璃的发现

(二) 选择并关注社会行走的方式

《3—6岁儿童学习与发展指南》强调,要珍视游戏和生活的独特价值,创设丰富的教育环境,最大限度地支持和满足幼儿通过直接感知、实际操作和亲身体验获取经验的需要。社会行走不仅能够丰富幼儿的生活体验,还能促进幼儿对社会的认知和理解。因此,在选择和关注社会行走的方式时,我们需要充分考虑幼儿的年龄特点、兴趣需求以及课程的预设与生成。

经由多次实践,我们总结出"社会行走"中需要重点关注的两个问题:一是新生和老生在社会行走中的差异,二是课程的预设与生成在社会行走中产生的差异。只有对这两个问题深入探讨,在教师群体内部达成共识,并依据共识指导行动,才能更有效地开展社会行走活动,发挥其在幼儿成长中的积极作用。

1. 关注新生和老生在社会行走中的差异

寒暑假期间是自由行走的大好时机,家长有充分的时间和孩子一起选择喜欢的场馆进行打卡。针对新生和老生的差异,我们通过问卷调查、家访等方式了解孩子对博物馆的已有经验和家长的认知态度,以便为他们提供更有针对性的指导和支持。同时,我们结合幼儿园的课程理念与目标,为新生和老生设计不同的社会行走方案,以满足他们不同的发展需求。

针对新入园的幼儿,可以通过问卷了解对博物馆的原有经验以及家长对博物馆的认知和看法。同时,通过教师家访传达幼儿园课程理念与目标,结合园长的线上讲座,开启社会行走之旅。场馆的选择可以根据问题情境三中提到的最初几个博物馆选择的要点进行自由行走。老生对社会行走已经有一定的经验,可以在7月根据幼儿园提供的博物馆资源清单自由选择并打卡,可以在8月选择和开学后开展的幼儿园主题相关的场馆进行打卡。

2. 关注课程的预设与生成在社会行走中产生的差异

在幼儿园综合主题活动实施的过程中,幼儿的兴趣不同,教师想要和幼儿开启某一个主题的方式也不同,因此我们根据幼儿的兴趣和主题活动的需要,及时把握主题中的预设与生成,灵活地向家庭或者教师推荐相应的博物馆资源。例如,在主题开启前让幼儿前往相应的博物馆打卡,收集他们的兴趣与问题;基于幼儿共同的问题去真实的场景中寻找答案,回到幼儿园后再进行深入的探索。同时,我们也关注幼儿在社会行走中产生的新问题和发现,及时调整和完善课程内容,以更好地满足幼儿的学习需求。

最终,基于以上"两个关注",万里城幼儿园梳理出了一系列与主题相关的博物馆资源,构建起适用于本园幼儿的多维立体教育体系。

下文以一次开学后开启的主题活动为例,说明教师是如何让幼儿选择自己感兴趣的主题,推荐他们去相应的博物馆打卡,通过家园协作来开展社会行走活动的。

案例 带着爸爸妈妈去看博物馆

行走前的统一准备

教师与家长进行沟通,强调以下打卡要点:

- 新小班教师分发《一个幼儿园就是一座博物馆》材料供家长阅读学习,并指导家长了解关于打卡的方法和原则等。

- 家长或教师根据主题要求准备任务单,幼儿带着任务单有针对性地打卡。

- 家长随机记录幼儿在博物馆中的新发现(孩子的自主记录、绘画、视频等)。

- 用故事形式记载幼儿打卡博物馆的有趣经历。

- 幼儿打卡后与同伴分享感受并作推荐。

- 每个家庭可以举办个性化的创意打卡展示。

在幼儿园提供的打卡建议的指导下,家长和孩子们一起探访博物馆,在博物馆中了解历史、培养审美、发挥创造力、增长见识、增强思考能力。

路线 1:海洋水族馆之旅

打卡家庭:小班冯舒月

打卡方式:大带小

家长记录:

姐姐一路上牵着充满好奇心的妹妹,一边向她介绍海洋馆的规则以及见到的海洋生物。"看小鱼时不能拍打玻璃。""在自动扶梯上要握紧爸爸妈妈的手。""在博物馆里不可以破坏周围装饰,也不可以大声喧哗。"姐姐还告诉妹妹:"每种海洋动物旁都会有它的介绍,看一下就能知道名字。"妹妹一路跟着姐姐,在姐姐的引导下有序参观。

路线2:自然博物馆之旅

打卡家庭:小班宦秉珩

打卡方式:追随幼儿兴趣

家长记录:

孩子进入自然博物馆,在恐龙展区停下了脚步。"哇!恐龙又高又大。我们站在它们脚下看起来好小。"作为家长,我们没有催促他,而是给他充足的时间去探索和提问。

打卡家庭:小班陶宥鉴

打卡方式:巧用绘本,设计任务卡

家长记录:

参观自然博物馆的念头是经由绘本阅读而来的,小朋友对恐龙和其他动物表现出了浓厚的兴趣。从绘本获得启发,我们设计了一张线路任务卡。在博物馆里,他直观并近距离地接触到远古生物,这给他带来了极其震撼的直接体验。

打卡家庭:中班张梓欣

打卡方式:绘画记录,抒发情感

家长记录:

打卡结束后,孩子一回家便满怀想法:"我真的很喜欢恐龙,还有小蝴蝶,海洋里的小动物我也很喜欢。""我要和它们做朋友,每天都能一起玩。""我可以把它们都画下来,这样就能天天见到它们了!"孩子对自然和动物产生了极大的兴趣,拿起画笔记录下自己的感受。

路线3:汽车博物馆之旅

打卡家庭:小班史子玄

打卡方式:利用幼儿园资源

家长记录:

刚开始参观时没有具体计划,后来仔细研究了老师发来的资料,便让孩子自己决定。我向孩子介绍了几个可以参观的博物馆,出乎意料的是,女儿竟然选择了汽车博物馆,这提醒了我作为家长不能仅凭自己的主观臆断来判断孩子的兴趣。

路线4:琉璃艺术博物馆之旅

打卡家庭:小班张沭涵

打卡方式:问题驱动

家长记录:

在参观前,我提前告知孩子要去的是琉璃艺术博物馆。孩子好奇地问:"琉璃是什么?它有颜色吗?它是红色的吗?"当孩子进入二楼展厅,迅速找到了第一个答案时,她特别开心。

打卡家庭:小班杨依霏

打卡方式:借助场馆任务资源

家长记录:

我和依依从一楼开始参观,通过观看视频、实物和影片来了解琉璃。儿童馆:领取字母表,在场馆中寻找相应字母。琉璃迷宫:这是依依最喜欢的环节,她领取了一张空白卡片,在找到8个不同形状的打卡点后加深了对形状的认知,既有趣又富有成就感。热力剧场:依依惊叹不已,表示演出太精彩了!破碎特展:依依参与了许多与琉璃元

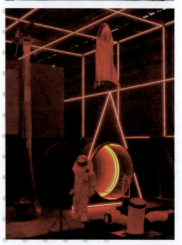

素相关的游戏,与 LED 灯光、声音、画面进行互动。

打卡家庭:中班顾馨仪

打卡方式:互动体验

家长记录:

琉璃迷宫是小朋友的最爱,要在里面搜集 8 个印章,完成后可以领取一张迷宫达人证书。迷宫内是漆黑的琉璃通道,孩子紧紧抓着我的手,当远远看到 8 个符号时,欢呼雀跃地跑过去,最终收集成功。回到家后,孩子立刻用画画的形式记录下印象深刻的内容。

路线 5:奉贤区博物馆之旅

打卡家庭:中班李鸣晨

打卡方式:问题挖掘

家长记录:

对于四岁的孩子来说,对文物的理解和兴趣都不是很深,但当孩子现场看到青铜器、金器、玉石器、陶器等展品时,他意识到这些东西来自非常遥远的过去,却依然保持着鲜艳的颜色和精湛的工艺,这令他很惊叹。

路线 6:上海科技馆之旅

打卡家庭:中班朱媛臻

打卡方式:情景体验式

家长记录:

当食物旅行车开进大嘴后,孩子问:"妈妈,吃下去的食物去哪儿了?"妈妈回答:"食物从嘴里进去后,通过喉咙到达食管,再被送往胃里,接着……肠道把食物中的未吸收部分转变成粪便排出体外。"孩子回应道:"原来便便就是这么来的啊!"

路线 7：上海博物馆之旅

打卡家庭：大班王艺淇

打卡方式：计划与兴趣引入

家长记录：

　　进入博物馆后，我们查阅了导览图，找出感兴趣的展区，然后按计划开始参观。首先来到四楼的中国古代玉器馆和中国少数民族工艺馆。孩子最喜欢工艺馆里的台湾高山族彩绘木雕渔船。随后我们前往二楼的第二展览馆和中国古代陶瓷馆，还幸运地遇到了正在展出的大克鼎、大盂鼎等展品。

打卡家庭：大班韩安芃

打卡方式：语音导览帮助理解

家长记录：

　　一到博物馆，我们就在一楼服务台领取了亲子版的语音导览指南，并决定今天要找到导览推荐的宝物。我们从四楼开始自上而下寻宝。一切进展顺利，我们找到了不少珍贵的展品。

路线8:上海大世界之旅

打卡家庭:大班程宇曈

打卡方式:家长退后装"傻",在馆内找答案

家长记录:

"宝贝,大世界真大啊!有这么多好玩的东西,我们应该先去哪里呢?"就在此时,悠扬的古琴声吸引起了我们的注意,孩子的问题也随之而来:"这是什么乐器?""妈妈,古琴长什么样子?"这些问题让我一时语塞,随即我快速思考并回应道:"我们可以去找找大世界里有没有古琴!"我们在四楼的"中国传统乐器墙"上找到了答案,孩子兴奋地按下墙上的按钮,聆听着乐器发出的不同声音,自得其乐地随着音乐表演起来。

路线9:莫奈和印象派大师真迹展之旅

打卡家庭:大班涂子淇

打卡方式:听觉为先,视觉为后

家长记录:

观展前,我和孩子一起复习了《印象派画家的朋友们》。印象派是什么?网络搜索出来一堆复杂冗长的答案,孩子难以理解。我想,没有任何方式比实地观赏更易于孩子理解了。我们观赏了莫奈的作品,从他35岁至86岁,贯穿了莫奈完整的创作生涯。通过这些画作,我们看到了他因为无力支付巴黎昂贵生活的日子,看到了莫奈最艰难的岁月,看到了巨幅《睡莲》作品。站在《睡莲》前细细品味其中的水下世界。希望每次观展不仅给孩子带来视觉上的享受,更是一次心灵的旅程。期待种下的艺术种子能够成为孩子成长的力量,伴随他们成长。

路线 10：上海世博会博物馆之旅

打卡家庭：大班黄俊童

打卡方式：以展品读文化

家长记录：

我们一家四口观看了《浮世万象——百幅浮世绘艺术珍品展》，欣赏了近百幅日本江户和明治时期的浮世绘原版古画。通过这些作品，我们对日本江户时代的城市生活、社会风俗和历史人物有了一定的认识和了解。在观看《春驹会》时，孩子好奇地问："这匹小马是用什么做的？是不是和我的小汽车一样有轮子？"通过介绍，我们了解到原来这是宫廷大奥中的女官和德川幕府的小公子在玩春驹游戏，在江户时代这种装有车轮的纸糊小马十分流行。在参观世博会的常展区时，我们得知"一切始于世博会"。尤其是1893年芝加哥世博会上首次出现的摩天轮，孩子不由得感叹道："原来锦江乐园的摩天轮是参考芝加哥的摩天轮打造的呀。"

（三）记录并反思社会行走的结果

当幼儿园与博物馆相遇，一场关于知识与探索的奇妙旅程便拉开了序幕。在这个过程中，我们不仅寻找并融合了博物馆的丰富教育资源，更将这些活动转化为一个个富有探索性的小项目，为幼儿园课程带来了可持续发展的动力。

1. 寻找多样的博物资源

为了确保每一次社会行走都尽可能取得最佳效果，我们需要对多样的博物资源进行深入的记录和反思，具体通过以下步骤进行。

首先，了解并筛选资源。要关注博物馆及其他场馆的最新发展和变化，包括导览技术的更新、科技化的沉浸式体验以及互动体验的创新等。在深入了解的基础上筛选出适合3—6岁儿童行走的博物馆和场馆。

其次,制订行走计划。根据筛选出的资源制订详细的行走计划,包括行走路线、时间安排、活动内容、问题清单、观展背包建议等。在制订计划时,充分考虑孩子们的兴趣和年龄特点,确保活动既有趣又富有教育意义。

接着,实施行走记录。在行走过程中,需要仔细观察孩子们的表现,记录他们的兴趣点、疑问和发现。可以通过拍照、录像等方式,留下孩子们在博物馆中的精彩瞬间。

最后,进行反思总结。行走结束后,对整个过程进行反思和总结,分析行走中的成功经验和不足之处,并提出改进措施。通过反思和总结,我们可以不断完善社会行走的方式和内容,使其更好地服务于孩子们的成长和发展。

2. 鼓励个性化的打卡方式

在社会行走的过程中,我们特别关注家长的参与和创造力。为了更有效地传达理念,我们避免冗长的讲座和理论阐述,采用简洁明了的关键词,如"追随""装傻""退后"等,引导家长在行走中发挥积极作用。这些关键词简洁易懂,家长能够轻松掌握并在实践中运用。

同时,我们注重利用工具来引导家长尊重幼儿的兴趣,如任务表、语言导览和多感官体验等。这些工具不仅能够帮助家长更好地了解孩子的需求,还能促进家长和孩子之间的互动与合作。

此外,我们还用敏锐的眼光去发现并整理来自家庭的个性化打卡方式,如利用绘本、自行设计任务卡、借助场馆任务资源等。这些打卡方式灵活,具有广泛的接受度,能够为其他家庭提供有益的借鉴和参考。不断优化我们的行走活动,使其更加贴近家长和孩子的需求。

3. 感悟场馆的神奇魅力

在行走过程中,我们深刻感受到场馆本身对孩子们的强大吸引力。高科技的声光电、大量的艺术设计、生动有趣的讲解以及壮观的展览装置,都让孩子们目不暇接。这些元素不仅激发了孩子们的好奇心,还促使他们主动感知和操作。

因此,在选择社会行走的场馆时,我们特别关注不同年龄段孩子是如何与场馆内容进行互动的。通过观察孩子们的表情、语言和动作来判断所选场馆是否适宜,以达到令孩子们沉浸其中的效果。

通过记录和反思孩子们在场馆中的体验,我们能够更好地理解他们的需求和兴趣,进而优化我们的行走活动,为孩子们的成长提供更加丰富的养分。

三、基于儿童需求,启动社会行走

幼儿园的课程并非对生活的简单复制,而是承载着超越生活、促进儿童全面发展的使命。每一次的社会行走没有固定的模式或程序，可以是由孩子们自主发起的探索之旅。我们致力于打造一个平台，让孩子们能自由表达并分享他们参与社会行走的独特经历，将原创的生活经验转化为富有童趣的故事，展现他们成长的真实轨迹。

班级墙面上"听我说说博物馆里的奇妙事"栏目便是孩子们展示自我、交流心得的乐园。幼儿讲述或绘画记录，家长为其标注上文字。教师提供了幼儿展示、分享自己参观记录的机会，他们可以详细地叙述自己感兴趣、印象深刻的课程经历，教师则耐心聆听，深入分析，全心投入，与孩子们的故事产生深刻的共鸣。

案例　听我说说博物馆里的奇妙事（幼儿的参观记录）

海底总动员：我去了长风海洋世界，里面有许多鱼类。最有趣的是隧道，隧道里有特别多的鱼。我最喜欢的是鲨鱼，鲨鱼有很多锋利的牙齿，喜欢吃肉，小朋友们要小心，避免成为鲨鱼的食物。除了鲨鱼，还有许多其他种类的鱼在等着我们去探索。（大一班潘鸿莱）

动物王国历险记：这次放假我去了博物馆，里面的人很多，可以说是人山人海。参观时，我和妈妈小心翼翼地手牵手慢慢走，生怕错过任何一个我想了解的"动物秘密"。（大一班朱佳怡）

当我坐上"宇宙飞船"：在上海儿童博物馆里，我最感兴趣的是太空主题展馆。它通过模拟太空旅行的方式，让我仿佛坐上了宇宙飞船，穿上太空服飞向太空，也让我深切感受到中国航天事业的迅猛发展。（大二班李鸣晨）

火焰星球：家里有个五彩缤纷的花瓶，放在阳光下能折射出各种颜色。我一直很好奇这个花瓶是如何制作的，颜色又是如何上上去的。带着这些问题，爸爸妈妈带我参观了上海玻璃博物馆。原来玻璃是4000多年前由埃及人发明的，他们真是聪明绝顶。之后，在老师的指导下，我亲手尝试制作玻璃。我穿戴上装备，目睹了1700度高温火焰中玻璃融化成型的过程。我自制了两颗小星球。我现在知道了玻璃是这样制造的，会更加珍惜并小心使用家里的玻璃制品。（大二班黄启诚）

"昆虫世界"探索记：我在自然野生昆虫馆见识到了各式各样的"铠甲勇士"。蝴蝶大家都很熟悉，它们色彩斑斓、大小不同，看起来非常美丽。一个大型屏幕上还播放了关于蝴蝶一生的动画故事，我看了好几遍。我发现，蝴蝶并不是一开始就是我们所熟悉的模样。事实上，蝴蝶由卵孵化成毛虫，然后变成蛹，最终破茧而出，才变成了拥有漂亮翅膀的蝴蝶。我认为蝴蝶的成长过程既不容易也很艰苦，需经历许多困难和时间才能成熟，对此我感到十分佩服。（大三班谈嘉颖）

儿童博物馆里的奇趣见闻：我想和小朋友们分享的是在儿童博物馆的经历！离开前，我发现了一个能让硬币跳舞的奇妙转盘。我尝试了许多种投掷硬币的方式，让硬币在转盘上起舞。我很好奇硬币是如何像陀螺一样旋转起来的。爸爸告诉我，这是离心力的作用。真希望快点长大，进入学校学习更多有趣的知识。在儿童博物馆，我觉得最神奇的是龙卷风的形成原理。它是如何形成的呢？是从海里冒出来的吗？爸爸妈妈帮我查阅了许多资料，我了解到，形成海龙卷需要满足三个条件：首先，空气必须热湿，遇到冷空气即凝结，释放大量潜能；其次，要有能下雨的巨大乌云，这种乌云能产生漩涡；最后，需要有向上的气流来支撑其规模。爸爸说真正的海龙卷非常可怕，有很强的破坏力。（大三班骆聿宸）

神奇伞派对：我最喜欢下雨的日子，天气预报说今天会下雨，我总是迫不及待地拿起自己的小雨伞，在花园里跳水塘。知道我喜欢撑伞，妈妈便带我去了杭州工艺美术博物馆，那里展出了许多好看又神奇的伞。（大四班陈晏然）

铁路博物馆秘密我来说：我访问的是上海铁路博物馆，最早是上海北站。在那里我了解到火车站分为大厅、月台和轨道三个部分。我所站的位置就是火车站月台，月台下是轨道，从下到上依次是路基、枕木和铁轨，铁轨上则是我们熟悉的火车。在博物馆里，我发现火车具备多种功能，如运输油罐、粮食、煤炭、进行大型工程项目以及搭载旅客等。（大五班姚海晨）

童言童语"话"美术馆：我和父母一同参观了浦东美术馆，那里举办了徐冰叔叔的个人展览，名为《徐冰的语言》。徐冰叔叔是一位画家，妈妈说他是中国目前最具国际影响力的艺术家之一。受到徐冰叔叔作品《英文方块字》的启发，我绘制了一幅《吃冰激凌的自画像》，背景设定在一个公园的长椅前，画作中巧妙地隐藏了字母B、e、d、s。不知小朋友们是否能找到这些字母呢？或许因为逛了一整天感到疲惫，我现在只想好好睡一觉。（大五班顾馨仪）

从上述幼儿的参观记录中,我们可以清晰地看到孩子们在博物馆的奇妙旅程中获得的丰富体验和深刻感受。他们不仅通过实地参观学习到了关于海洋生物、动物王国、太空探索、玻璃工艺、昆虫世界、儿童博物馆、铁路文化以及艺术创作的多方面知识,更重要的是,他们在这一过程中展现出了对周围世界的"广泛关注"和"深入观察"。无论是色彩斑斓的海洋生物、形态各异的昆虫,还是神奇有趣的玻璃制品和火车模型,都让他们感到兴奋和好奇。这种好奇心驱使着他们积极探究,不断提出问题,寻找答案。同时,孩子们在参观过程中也展示出静心欣赏的能力。他们不仅关注到了展品的外观和特征,还通过动画故事、解说词等方式了解展品背后的故事和文化内涵。此外,这些参观记录还反映了孩子们初步的博物意识。他们开始关注博物馆中的各种展品和元素,尝试从中发现有趣的信息和故事。他们也开始用自己的方式表达对展品的理解和感受,通过绘画、故事等方式记录自己的参观经历。

我们应该合理利用好亲子参观的每一次经历,将这些宝贵的亲子打卡经历作为幼儿园拓展资源的基础,与幼儿园的课程进行整合。

在教研会上,我们为教师提供了一些话题,帮助他们讨论和反思,启发他们挖掘亲子社会行走过程中已有或即将生发的关键点,例如:

- 我们幼儿园的课程理念和育人目标是什么?孩子们的社会行走与它们有什么联系?
- 在参观的过程中你观察到幼儿表现出了哪些与在幼儿园内不同的行为和个性特点?
- 个体幼儿的兴趣如何引发群体幼儿的共鸣?
- 从幼儿的话语中你发现他的兴趣与好奇在哪里?
- 幼儿的兴趣如何与幼儿园课程建立联系?
- 亲子社会行走中有哪些好的互动方式可以被我们采纳?

随着孩子们的社会行走,以及教师组织的对行走的讨论与思考,幼儿园的每一个角落布满了孩子们的收藏品,变成了一个富有生气的"游乐场"。我们鼓励每个孩子直接与展品亲密接触,通过观察、触摸、使用和表征等多种方式,激发他们的好奇心和求知欲,点燃他们的灵感火花,培养他们的创造性思维和积极向上的个性。我们深信,孩子们未来生活的无限潜能将从这个充满童趣的"儿童博物馆"中激发出来。

当然,孩子们收藏的不仅仅是物件本身,更是在探寻物件背后的故事和价值。在这段旅程中,孩子会根据自己的兴趣去打卡各类博物馆,探索各种主题展,从儿童独特的视角去观察和理解这个世界。"博识"各类藏馆和主题展,"博览"儿童视角下的万事万物。

在教师和幼儿都积累了丰富的园外行走、园内交流的经验以及伴随着实践而产生了诸多困惑之后，我们开始组织教师深入探究儿童博物教育的内涵与价值，审视当前幼儿园博物课程的研究现状，从中汲取经验和启示，结合幼儿园的博物教育实践来找到切实适宜园本的课程实施与发展之路。全园共学的目的是厘清何为"博物意识"，如何基于儿童视角构建能够启蒙博物意识的园本课程。

一、儿童博物教育的现状

为了全面把握儿童博物教育，我们需要回溯博物馆教育的发展历程。在此基础上，清晰并明确儿童博物馆教育与儿童博物教育之间的含义。同时，为了更好地指导实践，还需对儿童博物教育的价值及实践现状进行进一步的梳理，为儿童博物教育的进一步探索与研究奠定基础。

（一）博物馆教育的发展历程

美国博物馆专家古德（G. B. Goode）有句名言："博物馆不在于它拥有什么，而在于它以其有用的资源做了什么。"①这句话一直被西方博物馆界奉为至理名言。早在 20 世纪，欧美国家就开始认识到博物馆等公共场馆在教育中的优势和重要性。1984 年，美国博物馆协会发布报告《新世纪的博物馆》（Museums for a New Century），其中描述道："若典藏品是博物馆的心脏，教育则是博物馆的灵魂。"②1990 年，美国博物馆协会在解释博物馆的定义时，将"教育"与"为公众服务"并列视为博物馆的核心要

---

① 段勇. 当代美国博物馆[M]. 北京：科学出版社，2003：107.
② AMERICAN ALLIANCE OF MUSEUMS. Museums for a new century. a report of the commission on museums for a new century [M]. Washington, D. C.：Rowman & Little Publishers/American Alliance of Museums, 1984.

素。① 1992 年，美国博物馆协会与英国博物馆协会相继发布《卓越与公平：教育与博物馆的公共维度》《博物馆在教育时代》等报告，博物馆的功能重心从"与物有关"转移到了"以人为本"。②

1905 年，中国博物馆建设的先驱者张謇自费创建了中国第一座现代博物馆——南通博物苑，开启了中国现代博物馆事业的新纪元。1949 年，新中国成立后，一批新型省级博物馆随之诞生，博物馆的职能开始转型，逐渐将教育宣讲职能作为重点，为儿童博物教育的发展奠定了基础。1983 年，中国正式宣布加入国际博物馆协会，并于同年建立了国际博协中国国家委员会，明确了博物馆的各项业务活动都应贯彻"教育"的目的，博物馆也逐步成为社会教育系统公认的儿童教育场所。近年来，更多政策性文件陆续出台，如 2008 年 1 月中共中央宣传部、财政部、文化部和国家文物局联合发布的《关于全国博物馆、纪念馆免费开放的通知》，教育部和国家文物局于 2020 年9 月 30 日发布的《关于利用博物馆资源开展中小学教育教学的意见》等，进一步加强了我国儿童博物教育的建设。2015 年，我国颁布实施《博物馆条例》，其中第三十五条提到："国务院教育行政部门应当会同国家文物主管部门，制定利用博物馆资源开展教育教学、社会实践活动的政策措施。地方各级人民政府教育行政部门应当鼓励学校结合课程设置和教学计划，组织学生到博物馆开展学习实践活动。博物馆应当对学校开展各类相关教育教学活动提供支持和帮助。"各地积极贯彻《博物馆条例》有关规定的精神，将博物馆作为国民教育体系有机组成部分，推动博物馆与教育的紧密结合。

可见，博物馆的教育功能与角色经历了从萌芽到深化的演变过程。相对于欧美国家，我国的博物馆及博物馆教育事业起步较晚。随着社会对博物馆教育功能的认识加深，博物馆在教育领域的作用愈发重要。未来，博物馆需要不断创新教育模式，丰富教育内容，提升教育质量，以更好地满足公众特别是儿童的教育需求。

(二) 儿童博物馆教育与儿童博物教育

关于"儿童博物教育"的定义研究，我们需要明确区分"博物馆教育"与"博物教育"两个核心概念。这两者之间既有共通之处，也存在一些差异。

---

① 郑勤砚. 博物馆的公共美术教育浅议[J]. 山西师大学报(社会科学版)，2010，37(04)：159 - 160.
② GENOWAYS H H.，& IRELAND L M. Museum administration [M]. L. J. Lin, Trans. Taipei: Wu Guan Art Management Co.，Ltd. 2007：337 - 338.

首先,**博物馆教育**主要指在博物馆内部开展的教育活动,在活动的内容上有狭义与广义之分。**狭义的博物馆教育**专指在博物馆内部开展的有计划的教育活动。张宁提出,博物馆教育是指"通过有计划的教育活动,有效地普及科学文化知识,弘扬民族文化,宣传爱国主义,增强人们的审美观念。"[1]张誉腾认为,博物馆教育"专指博物馆教育部门负责,与博物馆其他部门或有关团体合作,根据博物馆藏品和学术资源以及观众市场分析,规划设计、招观众、组织实施的教育活动"[2]。而**广义的博物馆教育**则不仅涵盖博物馆内部一般的教育活动,还包括展览、资料收集、会议策划等各个环节。正如美国博物馆学家莫莉·哈里森所说:"博物馆里的每桩事情都有教育的含义,虽然并非活动本来的目的。每个展览的水平、品质,服务人员的态度,馆中的设施的配置,印刷款式、出版物等,都会启迪访客的潜力,属于教育服务的一部分项目。"[3]因此,广义的博物馆教育并非局限于博物馆内所开展的常规教育活动,而是广泛涵盖了包括展览在内的所有具有教育价值和功能的各项活动。[4]

相应的,**"儿童博物馆教育"**也有狭义和广义之分。狭义上,它特指在儿童博物馆内部进行的教育活动;而广义上,则涵盖了所有博物馆面向儿童观众的教育实践,这种教育也被称为儿童的博物馆教育。[5]

其次,关于**儿童博物教育**,王琦、丁宏伟认为,博物教育是一种平衡、亲知的教育范式,注重个人的身心发展,就像古希腊罗马的自由教育那样,强调身心的和谐发展,注重儿童的基础教育,因为儿童的生命自然原则才是教育真正的起点,而且儿童出生后最早接触的并不是数学等数理科学知识,而是博物学知识。所以,博物教育囊括了数理范式教育的对象,并将之扩大,是一种终身教育范式。[6] 南京市第一幼儿园副园长肖建霞认为,**博物教育不止在"馆"里**。一日生活都是孩子的学习内容,博物教育不只局限在博物馆中,我们可以把"博物馆"的外延从固定的场馆扩展到更广阔的时空,让孩子感受到记录、收藏、爱护无处不在,感知生命的多彩、世界的博大。[7] 苏州市相城区太平中心幼儿园杨梦莲老师认为,博物教育是指博物学教育,从字面上来讲就是一切与博物相关的教育内容。除了借助博物馆的教育资源,博物教育涵盖的内容是十分全面的,它是与自然相关的一切教育内容,因此在教育工作中要积极地借助一切的自然资源,使幼儿的综合能力得以

---

① 张宁. 论博物馆中的未成年人教育//杨丹丹,阎宏斌. 博物馆教育新视阈[M].北京:文物出版社,2009:73.

② 张誉腾. 科学博物馆教育活动之理论与实际[M]. 台北:文史哲出版社,1987:26.

③ HARRISON M. Education in Museum//DAIFUKU H. The organization of museums. practical audience. Paris: Unesco, 1960:82.

④ 周婧景. 博物馆儿童教育——儿童展览与教育项目的双重视角[M]. 杭州:浙江大学出版社,2018.

⑤ 北京师范大学教育学部中国儿童博物馆教育研究中心. 中国儿童博物馆教育实践指南(2021 版)[R]. 2021:3.

⑥ 王琦,丁宏伟. 博物教育的建设性蕴涵——论新教育范式的演进逻辑[J]. 自然辩证法研究,2023,39(02): 125 - 131.

⑦ 肖建霞. 博物教育不止在"馆"里[J]. 学前教育,2024(02):9 - 10.

全面提升。①

所以，儿童博物馆教育和儿童博物教育的教育对象均为儿童。然而，在教育活动的类型和发生的场地上，两者则有所不同。**儿童博物馆教育**特指在博物馆场馆内进行的教育活动，这些活动涵盖与博物馆展品、展览以及场馆环境相关的所有教育项目。这些教育活动通常围绕博物馆的收藏、展示和研究资源展开，为儿童提供了一个系统学习和互动体验的空间。相比之下，**儿童博物教育**的概念更为宽泛。它不仅涵盖博物馆内的教育活动，还扩展到学校、家庭、社区、自然等更广泛的场域。博物教育强调将"博物"作为一种教育的方式、目的和态度，意味着教育活动可以无处不在、随时发生。它鼓励儿童在日常生活中发现、探索和学习，将博物学的知识和方法融入到他们的生活中去。同时，儿童博物教育也强调教育的终身性和持续性，它鼓励儿童将博物学的知识和方法内化为自己的生活方式和态度，从而受益终身。

（三）儿童博物教育的价值

在探讨儿童博物教育的价值时，众多学者倾向于**以博物馆为中心**，探索博物馆在教育领域中的功能及其为儿童带来的教育价值。他们认为，博物馆在儿童教育领域发挥着多重积极效应。它不仅能够深化儿童对**文化的认知与认同**，提升他们的学习自觉性和**探究精神**，还有助于启迪儿童的**艺术感知**，丰富他们的审美体验，从而全面培养儿童多方面的能力。如张喆认为，博物馆是美育的重要载体和媒介，博物馆中丰富的藏品是**美育**最好的资源之一。博物馆藏品可以给予参观者直观的视觉冲击，提升美育的感染力和实效性；博物馆陈列能够增强美育的融入感。② 无独有偶，邵梦娴也论述了美术馆的**公共审美教育**职能，从美育政策、资源分配、美育观念和馆校合作的角度呈现了学校美育现状，并提出了美术馆场馆教育辐射学校美育，与学校共同构建丰富的教育生态的价值。③ 其次，王秋华在《馆校合作视域下博物馆教育价值释放路径探究》中指出，博物馆能为儿童构建具有互动性和生成性等特点的学习情境，提供**个性化的学习机会和多元化的学习体验**，推动传统教学方式的革新，促进正式教育与非正式教育的有机结合。④ 罗词安等人以苏州丝绸博物馆"无言的祝福"展览为例，分析了民俗文化展品中蕴含的儿童规训，以及民俗文化对幼儿身心的育化过程。他们认为，借助博物馆的特定场景，能够有效地帮助幼儿树立正确的儿童观与文化观，建构本民族的**文化身份认同**。⑤

---

① 杨梦莲.适宜的幼儿园博物教育方法研究[J].考试周刊，2021(A4)：157-159.
② 张喆.论博物馆公共教育中的美育价值及其实现[J].泰州学术，2020(00)：178-185.
③ 邵梦娴.浅析美术馆的公共教育对学校美育的影响[J].美术教育研究，2021(02)：108-109.
④ 王秋华.馆校合作视域下博物馆教育价值释放路径探究[J].科教文汇，2023(22)：35-37.
⑤ 罗词安，方云.当代博物馆幼儿传统文化教育及其儿童观建构——以《无言的祝福》展览为例[J].社会科学家，2023(02)：148-153.

然而,儿童博物教育并不局限于博物馆内。众多学校、幼儿园的一线教育工作者通过实践研究,利用丰富的博物资源,挖掘了儿童博物教育的多元价值。冯伟群等人在《跨越围墙的幼儿园课程:博物馆之旅》一书中提出,儿童博物教育能够加强幼儿**对文化的体悟与认同**。博物馆课程中蕴含着中华民族的优秀传统文化、家乡文化,以此为基石带领幼儿构建课程,一方面可以让幼儿了解文化、传承文化,从而打下文化认同的烙印;另一方面可以倾听儿童对文化的不同理解,欣赏儿童对文化的创造表达,鼓励儿童给予传统文化新的阐释和活力。同时,该书也肯定了儿童博物教育对**儿童探究意识、学习习惯**等品质的培养。多样化的博物馆课程可以成为培养幼儿探究精神的重要途径,不仅幼儿好奇的天性得以张扬,还能够养成探究的习惯,为未来的学习奠定基础。此外,该书也表明儿童博物教育有助于提升幼儿的**审美体验**。幼儿能够在真实的场景中理解和尊重中国传统文化艺术的多样性,具有发现、感知、欣赏、评价美的意识;具有健康的审美价值取向;具有艺术表达和创意表现的兴趣和意识,能在生活中拓展美。① 高洁、郭文彬以四川博物馆的"博物馆里的植物园"课程为例,发掘了学生的观察意识、互动意识和最后创意物化的创新意识,充分利用博物馆中的植物藏品,让学生学会赏析藏品之美。② 李媛媛认为,博物教育对幼儿**感知认知、语言和沟通、思维和问题解决以及社会情感**等方面的发展具有积极影响。通过观察、探索和参与博物教育活动,幼儿得到了丰富的学习体验和实践机会,培养了他们的观察力、分类能力、逻辑思维和判断能力;还增强了幼儿的沟通和表达能力,培养了他们的合作和社交技能。③

除此之外,儿童博物教育还可以培养儿童的**博物意识**。陆淑娴以幼儿园元宵节活动为例,阐述了博物意识引领下的幼儿园课程,可以在"广泛关注"方面培养幼儿对人类文化的关注;在"深入观察"方面增强幼儿对生活世界的观察能力;在"积极探究"中激发幼儿对"问题"积极探究的兴趣;在"静心欣赏"中培养幼儿良好的学习品质。④ 金鑫等人认为,幼儿在与博物馆的互动中,通过浸润式的欣赏、体验和探索,可以逐渐萌发形成儿童博物意识。在博物意识的引领下开展的幼儿园的科学探究活动,与场馆学习相比,更多地体现了博物意识范畴中的收藏意识、观察意识、互动意识和创新意识。⑤ 江苏省昆山开发区兵希幼儿园园长朱晓琼也认为,幼儿园博物馆教育为幼儿创设了**沉浸式的学习情境**,可以有效促进幼儿**博物意识、博物经验**和**自主探究能力的发展**。⑥

———————————

① 冯伟群,徐慧,罗娟. 跨越围墙的幼儿园课程:博物馆之旅[M]. 南京:江苏人民出版社,2020.
② 高洁,郭文彬. 博物馆科学课程探索——以"博物馆里的植物园"课程为例[J]. 文物鉴定与鉴赏,2022(16):88－91.
③ 李媛媛. 幼儿博物教育对幼儿认知发展的影响研究:学前教育视角[C]//2023 年第八届生活教育学术论坛,北京:中国陶行知研究会,2023:3.
④ 陆淑娴. 博物意识与幼儿园课程实践的新探索[J]. 学前教育研究,2014(10):61－63.
⑤ 金鑫,杨梦萍. 博物意识下的儿童科学探究学习及支持策略[J]. 陕西学前师范学院学报,2018,34(04):6－8.
⑥ 朱晓琼. 幼儿园博物馆教育的价值、实施原则与策略[J]. 学前教育研究,2023(07):87－90.

可见,无论是博物馆教育还是儿童博物教育,都对儿童的发展有着多元且重要的价值。因此,万里城幼儿园将拓展儿童博物教育的边界,充分利用博物资源,开展更加广阔和丰富的博物教育,深入挖掘其背后的科学探究、美育、认知、文化以及社会性发展的多重教育意义。

(四)儿童博物教育的实践现状

美国是儿童博物馆的起源地,于 1995 年发布"早期开端计划"(Early Head Start),强调早期教育应充分利用博物馆等社区资源。自 20 世纪 50 年代起,儿童博物馆的数量不断增长,内容类型也更为丰富。美国博物馆受教育生态学的驱动,产生了三种形式的博物馆幼儿园:博物馆附属的幼儿园、社区博物馆的幼儿园或社区博物馆学校内设幼儿园。其中,以博物馆附属形式建立的幼儿园成为近年来的主流,其教育形式和内容各异:如:幼儿园引导建立家长、教师和儿童的伙伴关系以构建民主社区,让各种材料成为儿童表达自我的"语言";将环境视为老师,强调与家庭合作,儿童由接受者变成主角、合作者、传播者和研究者;鼓励儿童、家长或幼儿园三方合作,主张以儿童为导向,探索儿童感兴趣的主题,鼓励批判性思考并解决问题等。[①] 除此之外,美国的一些博物馆利用其专家力量和资源优势培训教师,也按照课程需要提供博物馆藏品作为教学标本。如大都会艺术博物馆充分利用本馆专家的专业知识,帮助学校培训美术教师、设计美术教学大纲。大都会艺术博物馆还设有专门的"教育中心",负责组织各种各样的教育活动,教育项目每年有 2 万多个,"教育中心"有教室、研讨厅和图书馆。此外,英国政府颁布"课堂外学习"宣言,要求学生从小参与博物馆课程。在法国也存在"星期三现象",即中小学生会在每周三下午到博物馆上课。芝加哥菲尔德自然历史博物馆在馆内开设学生课堂,并提供标本供学校使用,同时在博物馆的网站上设有专门的"学校/教育"栏目。

许多学者通过总结美国幼儿园博物教育的理论依据和实践经验,为我国利用博物馆资源开展博物教育提供启示和反思。黄灿和张媛媛从美国儿童博物馆教育角色演变出发,总结了其儿童博物教育变化的表现,并为我国幼儿园的园本博物课程建设提出建议。她们认为,我国的幼儿园博物教育可以以儿童共同体作为服务对象,以留白式游戏为主要活动开发方式,建立以儿童为中心的多元共享资源网,建立以幼儿为中心、教师、家长和社区四位一体的博物课程研发团队。[②] 上海芷江中路幼儿园借鉴美国的有关活动结构化的理论,将低结构活动界定为以幼儿为主导的活动,并将博物馆社会资源积极纳入儿童教育,成为低结构活动的活动内容设计、经典玩教具的灵感源泉,创建了以幼儿自主学习为核心的低结构活动范式,促进了幼儿

---

① 周婧景,高子涵.试论美国博物馆幼儿园及其对中国的启示——以教育生态学为视角[J].博物院,2019(06):116-124.

② 黄灿,张媛媛.论园本课程开发的新方向——基于美国儿童博物馆教育角色演变的思考[J].教育与教学研究,2015,29(07):118-121.

的自主发展。①

近年来,我国各地的幼儿园也开始利用博物馆资源开展幼儿园博物教育实践。主要有两种方式。

一是通过创设园内博物馆,开展幼儿园内的博物教育活动。聂艺苑在《幼儿园儿童博物馆创设与利用的个案研究》中以南京市 S 园为例,分析总结出该园儿童博物馆的定位和实践中的不足。S 园通过园内国教中心的二楼建设为儿童博物馆,由安全自护主题区、沙水区、根博物馆、创意馆、木工区五个常设馆,以及线博物馆和纸博物馆两个动态馆组成,涵盖了社会、艺术、科学等各个领域的内容,同时通过联盟园组织活动的形式辐射周边社区的幼儿。② 陈艺媚在《幼儿园博物区活动的个案研究》中对泉州市某幼儿园进行了实地考察,该园参照社会教育博物馆的分区方法,将幼儿园博物馆分为观察区和操作区,并根据博物物件来源的不同,将博物馆的内容分为传统文化类、现代生活类和自然动植物类。③ 云南省机关事务管理局大观幼儿园则在突出儿童互动性探索的前提下,因地制宜,从自然和传统文化的角度建设了符合儿童游戏与发展的自然博物馆空间,建立儿童与大自然的联结,让儿童的好动、活泼,对世间万物的好奇,投射在园内的一花一草、一虫一鸟上。④ 同时,有研究者指出了在幼儿园开展博物教育中存在的一些问题。如个别馆区空间划分和环境布置存在不足;创设时材料选择不合适且材料管理人力不足;部分馆区活动内容设置不够科学;活动频次较低,导致各馆区间的活动不均衡;缺乏专职教师,使得活动方式不够合理;家长的参与度和支持度不够,博物资源有限且利用方式单一等。

二是开展校馆合作,利用博物馆资源建构园本博物课程。李艺在《博物馆教育视角下的 H 幼儿园园本课程研究》中提到的 H 幼儿园,依托儿童探索博物馆"魅力草原"展区,充分利用展区中草原、农耕、沙漠等教育资源开展搭建蒙古包、挖掘恐龙化石、活力农耕等活动,以主题作为教育活动的载体,将各领域学习内容相互渗透,通过发现课程并制订解决方案,对课程体系不断调整与完善,形成"魅力草原"园本课程。⑤ 杭州市人民政府机关幼儿园也采取馆园合作的教学方式,以"丝绸之路"为主题开发了"博物馆之旅"课程。活动中教师利用探究式学习,发挥儿童的主动意识和合作精神,让儿童通过亲身探索与实践了解了"丝绸之路"的相关知识。王乐也在《〈博物馆之旅〉评析》中指出幼儿园的博物课程设计中存在的问题,如传统文化内涵的展现需要更加系统化的设计,对文化背后的价值观的传达不够深入,建议呈现一些激发共情、兴趣和思考的历史

---

① 管佳玮,陈文奇,袁佳赟.当低结构遇见博物馆,不一样的精彩——博物馆的教育资源在幼儿园低结构活动中的运用初探[J].博物院,2019(03):91-99.

② 聂艺苑.幼儿园儿童博物馆创设与利用的个案研究[D].南京:南京师范大学,2020.

③ 陈艺媚.幼儿园博物区活动的个案研究[D].福州:福建师范大学,2020.

④ 罗新萍.从文化视角探究幼儿园自然博物馆教育实践[J].云南教育(视界综合版),2023(09):32-35.

⑤ 李艺.博物馆教育视角下的 H 幼儿园园本课程研究[D].呼和浩特:内蒙古师范大学,2023.

故事。此外，传统意义上的评价工具对幼儿园博物教育并不适用，幼儿园可以利用较为成熟的场馆学习量表，开发出与主题适切的评价工具。①

综上所述，从国外到国内，众多幼儿园和博物馆都在积极探索与实践儿童博物教育。国外的儿童博物教育，尤其以美国为代表，已经形成较为成熟的体系，通过创建博物馆附属幼儿园、社区博物馆幼儿园等多种形式，将博物馆资源与教育紧密结合。这些实践不仅注重儿童的亲身体验和互动，还强调批判性思维和解决问题能力的培养。在国内，一些幼儿园也开始尝试利用博物馆资源开展儿童博物教育，或者在园内创设博物馆，或者与博物馆合作开展教育活动，以此丰富幼儿园的教育内容，提升教育质量。虽然这些实践起步较晚，但已经取得一些积极成果，证明了儿童博物教育在国内的可行性和价值。

二、基于儿童视角的博物意识培育

结合各地幼儿园所开展的儿童博物教育案例与研究，根据万里城幼儿园博物教育实践现状以及由此产生的困惑，我们认识到在博物教育过程中"博物意识"与"儿童视角"的重要性，因此进行了以下转变。

(一) 从"博物教育"到"博物意识"

由于幼儿园的资源有限，无法完全"复制"博物馆的教育环境与职能，无法像博物馆那样承担完整的博物教育工作。且教育内容常常存在成人化、单一化等问题。同时，也考虑到幼儿的年龄发展与学习特点，重要的并不是幼儿通过博物教育获得什么知识，而是获得一种博物的品质与意识。比起外在显性的内容和课程，我们更加注重"意识层面"的塑造，借由课程把"博物意识"深植到家长、幼儿、教师的心中，更符合幼儿园教育。因此，我们认为，培养"博物意识"是"博物课程"的目的，幼儿园的博物教育目标可以落到"博物意识"的培育上。

虞永平教授认为，博物意识是一种"**广泛关注、深入观察、静心欣赏、积极探究**"的意识。② 博物意识内涵的具体阐释如下。③

广泛关注：通过对广泛多样事物的关注，幼儿能拓宽视野，能够多感官多通道感受、体验和操作，对探究的热情更加高涨，感知客观世界和人类文化，从中获得广泛而多样的鲜活经验，从而进一步养成对更多事物"广泛关注"的意识。

① 王乐.《博物馆之旅》评析[J]. 幼儿教育，2023(08)：12.
② 虞永平. 儿童博物馆与幼儿园课程[J]. 幼儿教育，2010(10)：7-9.
③ 王昊涵. 让博物教育走进幼儿园视野——访南京师范大学教授虞永平[J]. 福建教育，2017(51)：12-13.

深入观察:深入观察意味着儿童对客观事物和现象的观察需要兴趣引导,能引发深度的学习,能吸引幼儿去感知和把握,幼儿的好奇心和学习兴趣得到尊重和保护,幼儿通过多感官获取经验的需要得到最大限度的支持和满足,让幼儿能够在丰富的材料和工具、适宜幼儿深入观察生活世界的教育坏境中,获得良好的观察能力。

静心欣赏:在静心欣赏的意识的引领下,教师既给幼儿提供自主成长的空间,又让幼儿在活动中静静倾听和欣赏,培养幼儿专注投入学习的品质。

积极探究:在探究的活动中,幼儿的兴趣、需要、身心发展规律和学习特点得到充分关注,幼儿能够在体验和动手操作中自发生成问题,并循着问题的线索去积极探究,感受探究的过程和方法,从而使幼儿对探索活动的兴趣更加持久、思维更加开阔,探究的内容更加广泛和深入,发现问题、操作体验和自主探究等能力不断得到增强。

博物意识是一种能够主动去认识自然、探索世界,具有认知兴趣和探究欲望的心理状态。它强调的是个体对自然世界和人类文化的广泛感知和兴趣,以及主动探索和学习的态度。

博物教育是一种基于博物学理念的教育模式,旨在通过引导和鼓励孩子充分发展亲近自然的本能,让孩子在与自然对话的过程中获得知识、情感和价值观的全面发展。它不仅仅是一种知识的传授,更是一种情感和价值观的培养。

	博物意识	博物教育
定义	主动去认识自然、探索世界的心理状态	基于博物学理念的教育模式
重点	个体对自然世界和人类文化的感知和兴趣	通过实践活动获得知识、情感和价值观的全面发展
范围	强调个体的心理状态和兴趣	涉及自然科学人文、艺术等多个领域
方式	自发的、主动的探索和学习	引导和鼓励孩子通过实践活动学习
目的	培养个体的认知兴趣和探究欲望	培养孩子的综合素质,包括知识、情感和价值观

综上所述,博物意识主要关注个体对自然世界和人类文化的兴趣和探索欲望,而博物教育则是一种更为广泛和系统的教育模式,旨在通过实践活动促进孩子在知识、情感和价值观方面的全面发展。两者相互关联,博物意识是博物教育的基础和动力,而博物教育则是博物意识的具体体现和实现方式。

另一方面,我们深入研读《3—6岁学前儿童学习与发展指南》《幼儿园教育指导纲要(试行)》及《幼儿园保育教育质量评估指南》等学前教育相关文件中的要求,发现可以博物意识为抓手,贯彻学前教育相关文件要求,落实对幼儿的多元学习品质培养的教育目标。

博物意识	《3—6岁学前儿童学习与发展指南》	《幼儿园教育指导纲要（试行）》	《幼儿园保育教育质量评估指南》
广泛关注	引导幼儿关注和了解自然、科技产品与人们生活的密切关系，逐渐懂得热爱、尊重、保护自然。（教育建议） 支持幼儿在接触自然、生活事物和现象中积累有益的直接经验和感性认识。（教育建议）	善于**发现幼儿感兴趣的事物、游戏和偶发事件中所隐含的教育价值**，把握时机，积极引导。（组织与实施） 引导幼儿对身边常见事物和现象的特点、变化规律产生兴趣和探究的欲望。（内容与要求）	充分尊重和保护幼儿的**好奇心和探究兴趣**，相信每一个幼儿都是积极主动、有能力的学习者，最大限度地支持和满足幼儿通过**直接感知、实际操作和亲身体验**获取经验的需要。 善于发现**各种偶发的教育契机**，能抓住活动中幼儿感兴趣或有意义的问题和情境，能识别幼儿以新的方式主动学习，及时给予有效支持。
深入观察	有意识地引导幼儿**观察**周围事物，学习**观察的基本方法**，培养**观察与分类能力**。（教育建议）	提供丰富的可操作的材料，为每个幼儿都能运用多种感官、多种方式进行**探索**提供活动的条件。（内容与要求）	重视幼儿通过绘画、讲述等方式对自己经历过的游戏、阅读图画书、**观察**等活动进行表达表征，教师能一对一倾听并真实记录幼儿的想法和体验。
静心欣赏	每个幼儿心里都有一颗美的种子。幼儿艺术领域学习的关键在于充分创造条件和机会，在大自然和社会文化生活中萌发幼儿对美的感受和体验，丰富其想象力和创造力，引导幼儿学会用心灵去**感受和发现美**，用自己的方式去**表现和创造美**。 和幼儿一起感受、发现和欣赏自然环境和人文景观中美的事物。（教育建议） 和幼儿一起发现美的事物的特征，感受和欣赏美。（教育建议） 创造条件让幼儿接触多种艺术形式和作品。有条件的情况下，带幼儿去剧院、美术馆、博物馆等欣赏文艺表演和艺术作品。（教育建议） **艺术领域中"感受与欣赏"：** 目标1：喜欢自然界与生活中美的事物 目标2：喜欢欣赏多种多样的艺术形式和作品	引导幼儿接触周围环境和生活中美好的人、事、物，丰富他们的**感性经验和审美情趣**，激发他们表现美、创造美的情趣。（内容与要求） 为幼儿创设展示自己作品的条件，引导幼儿**相互交流、相互欣赏、共同提高**。（内容与要求）	充分尊重和保护幼儿的**好奇心和探究兴趣**，相信每一个幼儿都是积极主动、有能力的学习者，最大限度地支持和满足幼儿通过**直接感知、实际操作和亲身体验**获取经验的需要。

博物意识	《3—6 岁学前儿童学习与发展指南》	《幼儿园教育指导纲要（试行）》	《幼儿园保育教育质量评估指南》
积极探究	幼儿科学学习的核心是激发探究兴趣，体验探究过程，发展初步的探究能力。成人要善于发现和保护幼儿的好奇心，充分利用自然和实际生活机会，引导幼儿通过观察、比较、操作、实验等方法，学习发现问题、分析问题和解决问题；帮助幼儿不断积累经验，并运用于新的学习活动，形成受益终身的学习态度和能力。 幼儿的思维特点是以具体形象思维为主，应注重引导幼儿通过直接感知、亲身体验和实际操作进行科学学习，不应为追求知识和技能的掌握，对幼儿进行灌输和强化训练。 **科学领域中"科学探究"：** 目标 1：亲近自然，喜欢探究。 目标 2：具有初步的探究能力。 目标 3：在探究中认识周围事物和现象。	"科学领域"指导要点： 幼儿的科学教育是科学启蒙教育，重在激发幼儿的认识兴趣和探究欲望。 要尽量创造条件让幼儿实际参加探究活动，使他们感受探究的过程和方法，体验发现的乐趣。 科学教育应密切联系幼儿的实际生活进行，利用身边的事物与现象作为科学探索的对象。	发现和支持幼儿有意义的学习，采用小组或集体的形式讨论幼儿感兴趣的话题，鼓励幼儿表达自己的观点，提出问题、分析解决问题，拓展提升幼儿日常生活和游戏中的经验。 以游戏为基本活动，确保幼儿每天有充分的自主游戏时间，因地制宜为幼儿创设游戏环境，提供丰富适宜的游戏材料，支持幼儿探究、试错、重复等行为，与幼儿一起分享游戏经验。

从以上表格中，我们可以看出，学前教育相关文件中的内容是与"广泛关注、深入观察、静心欣赏、积极探究"的博物意识息息相关的。博物意识的培养与学前教育的育人目标是相符的。因此，将博物意识融入学前教育实践中，不仅是贯彻相关政策文件要求的体现，也是培养幼儿多元学习品质、促进幼儿全面发展的重要手段。

博物意识是一种更内隐的概念，博物教育是培育博物意识的重要途径，通过丰富的博物活动，孩子们能够逐渐建立起对周围世界的浓厚兴趣，积极主动地去探索世界的奥秘，并以开放的心态接纳和理解万物的存在与变化，进而形成初步的博物意识。我们希望通过培育博物意识，让全园师生和家长都能够以更加开阔的视野和包容的心态接触和理解世界，使每个人都能达到"广泛关注、深入观察、静心欣赏、积极探究"的学习状态。

（二）从"教师预设"到"儿童视角"

在万里城幼儿园开展博物教育的进程中，我们逐渐发现，教师在设计课程时，往往更多从教师的角度、资源的角度去考虑问题，侧重于自己的预设。然而，在这一过程中，我们往往会忽视儿童视角的重要性，对儿童的需求和兴趣关注不足，没有从儿童的角度出发，去思考他们真正感兴趣的是什么,真正需要什么。这种以教师预设为主的活动方式,虽然能够确保课程的系统性和完整性,但却容易忽视儿童的个体差异和兴趣点,导致教育内容与儿童的实际需求脱节。因此,我们决定在今后具有博物意识的课程创建与实践中,更加注重引入儿童视角。

儿童视角下的幼儿园"博物课程"关键元素

"博物课程"前加上"儿童视角"是指课程创建与实践的主体和对象都定位在儿童,是一种以儿童为中心的视角,即"基于儿童,为了儿童,发展儿童"。我们希望通过深入了解儿童的兴趣、需求和认知特点,来构建更加符合他们发展特点的课程。我们鼓励教师放下预设,用心去观察儿童,了解他们的所思所想,从而设计出更加贴近儿童生活的课程内容。在过程中,我们更关注孩子的参与和获得。同时,我们也将引导教师从儿童的角度去思考问题,以儿童的视角去审视和筛选博物资源,确保课程内容既具有教育意义,又能引起儿童的兴趣和共鸣。基于儿童视角的博物意识培养可以从以下三个方面进行诠释。

1. 贴近幼儿生活经验,满足幼儿兴趣与发展需要。

博物馆教育以其鲜明的主体性、形象性、直观性与具体性,天然地贴合了幼儿好奇的心理特点。走进博物馆,孩子们眼前的每一件展品都成了他们探索世界的媒介。这些展教资源不仅吸引了孩子们的注意力,更引导他们深入挖掘生活中的各类资源。博物馆教育关注幼儿的视角,以幼儿能够理解的方式呈现知识,满足他们的发展需求。在教师的引导下,孩子们的好奇心和积极性得到了充分激发,他们的博物意识也在不知不觉中得以培养。

2. 引导幼儿手脑并用,丰富幼儿成长体验与经历。

博物意识的培育不仅在于激发孩子们的好奇心,更在于引导他们通过多种感官去学习和探索。在真实的博物资源面前,孩子们不再是被动的接受者,而是主动的探索者。他们会分享自己的发现,提出自己的问题,自由选择感兴趣的物体或现象进行深入观察。这种手脑并用的学习方式不仅丰富了他们的成长体验,也让他们在快乐中培养了博物意识。幼儿园园本课程的融入,使得这种学习方式更加系统和有效,为孩子们的全面发展奠定了坚实基础。

3. 融入幼儿一日活动,构建幼儿完整的生活经验。

具有博物意识的幼儿园课程注重将博物意识融入幼儿的一日活动中,从而构建他们完整的生活体验。通过游戏探索与课程时间的巧妙结合,幼儿园将科学、课程、游戏、博物馆等元素有机整合,为孩子们创造出一个真实、有趣且富有挑战性的学习坏境。在这样的环境中,孩了们可以在真实情境中学习,解决真实问题,将学习与生活紧密相连。幼儿园坚持以孩子为核心,以探究为形式,以博物资源与课程相结合为载体,全面促进孩子们的发展。同时,遵循多元性、多样性、丰富性、参与性、适宜性原则,确保一日活动既符合孩子们的年龄特点,又能满足他们的个性化需求。

万里城幼儿园在建设博物课程的过程中,正是将儿童观、教育观与课程观融入博物意识中,确保每一种特征能够在活动中有所体现,并依据此来反思、分析如何将博物意识体现在课程活动中。我们相信,只有真正站在儿童的角度,才能设计出真正适合他们的博物课程,让他们在轻松愉快的氛围中,自由探索、自主学习,从而真正体验到博物教育的魅力。

第二章

建设常态馆
创设园本博物环境

环境是幼儿园的"隐性课程",创设时应注重儿童在环境中的参与和体验,使儿童的学习变得可见。"一个幼儿园就是一座博物馆",但幼儿园博物环境的创设不应仅限于简单的收藏、陈列、展览,而应以博物意识为引领,充分发挥环境的"第三位教师"作用。我们基于儿童视角,创设了"三廊一馆"的园级常态馆,充分利用园内外资源,将博物意识融入环境和课程之中,让孩子们的学习在多元化的园本环境中自然发生并留下痕迹。

在幼儿园课程的顶层设计中,我们精心构建了课程理念、目标及整体框架,旨在通过主题实践与家园社资源的融合,将儿童博物教育融入日常教学中,培养孩子们成为"健康活泼、自主自立、博玩探究、合作乐群"的儿童。其中,幼儿园环境作为重要的教育资源,发挥着举足轻重的作用。

我们深知,环境是幼儿学习与发展的重要载体。最初,我们探讨如何引入博物馆资源,并创建满足幼儿共同兴趣与需要的环境。但是在现实中,我们不可能每天都跑去博物馆,也没有办法把博物馆完整地搬到幼儿园里来。于是,我们提出了"一个幼儿园就是一座博物馆"的设想,在博物意识的引领下,以幼儿为中心,构建出以班级博物馆为主体、以园级博物馆为实践场和资源库、以社会场馆为补充的三级幼儿园博物教育体系。班级博物馆注重好奇探究,园级博物馆注重参与体验,社会博物馆注重感知了解。孩子可以在社区或园级博物馆参观、互动,并生发出进一步的探究,当幼儿的探究兴趣产生较大差异时,可以在班级博物馆中进行小组或个别化的深度学习。

一、"三廊"常设馆:满足持续共性的兴趣点

基于"一个幼儿园就是一座博物馆"的设想,我们聚焦"环境"的创设,以幼儿共同兴趣为主体,以教师理解认同为保障,充分利用幼儿园可用的走廊、专用活动室空间创建幼儿园里的博物馆,实施博物教育。在第一阶段,我们围绕常设馆进行思考,选择适宜场地,确定了"三廊一馆"的空间架构,使其成为满足幼儿广泛需求的常设博物馆,即内容相对稳定的探索环境。

(一) 创设可以"看见兴趣"的"三廊"环境

第一步:开展访谈调研,了解幼儿需求。

2021年12月,针对小班、中班、大班的幼儿开展非正式的访谈调研。在

调研过程中,我们以小、中、大级组为单位,先由组长召集各级组的15位教师,详细解释本次调研的目的、意义及要求。随后,教师各自在班级内选择5名男孩和5名女孩进行访谈。在访谈过程中,教师认真倾听孩子们的回答,并如实填写问卷,同时全程录音以确保调研数据的真实性与完整性。

教师调研班级幼儿对博物馆的经验与兴趣

通过面对面的交流和录音记录,我们真实地捕捉到了孩子们对博物馆的喜爱程度、创建博物馆的意愿、博物馆内活动的设想以及对展示内容的看法。根据调研,我们得出以下重要结论:

■ **孩子们对各类博物馆充满浓厚兴趣,他们非常期待能在幼儿园里创建属于自己的博物馆。** 从孩子们的回答中,我们了解到他们曾参观过多种类型的博物馆,如汽车、火车、航海等交通类博物馆,以及昆虫、自然、水族等动物自然类博物馆。正是这些丰富的博物馆体验,让孩子们对在幼儿园创建博物馆充满了向往和期待。

■ **孩子们更倾向于在熟悉好玩的地方建立博物馆,并向往在博物馆里做许多有趣的事情。** 针对"幼儿喜欢在哪里建立博物馆"进行询问发现,他们更多地选择在自己熟悉的地方建立博物馆,比如小班的孩子更喜欢建在班级里,中大班的孩子更喜欢建在走廊和活动室,也有一定比例的孩子喜欢在大厅、小农场、二楼平台、沙坑等地方建博物馆。孩子们认为在博物馆里可以做许多事情,比如搭建展示柜,带妈妈爸爸参观,和好朋友一起学习,可见孩子们对博物馆里开展的活动已有一定的经验。

■ 不同年龄段的孩子对博物馆类型的喜好存在差异,且各年龄段幼儿对主题内容的兴趣点不同。小班孩子更偏爱自然博物馆和昆虫馆,中班孩子对自然博物馆和宇航博物馆情有独钟,而大班孩子则钟情于自然博物馆、上海科技馆和上海历史博物馆。这些差异为我们未来创建更具针对性的博物馆提供了宝贵参考。

经过访谈调查,我们发现小班幼儿最喜欢的博物馆前三位分别是自然博物馆(78%)、昆虫馆(74%)和上海科技馆(48%),还有26%的幼儿想去航天博物馆、历史博物馆、科技馆、火车博物馆、乐高博物馆、动物博物馆等。中班幼儿最喜欢的博物馆前三位分别是自然博物馆(80%)、宇航博物馆(60%)和玻璃博物馆(36%),还有16%的幼儿想去纺织博物馆、火车博物馆、乐高博物馆、动物博物馆等。大班幼儿最喜欢的博物馆前三位分别是自然博物馆(98%)、上海科技馆(60%)和上海历史博物馆(26%),还有44%的幼儿想去其他博物馆,如气象博物馆、航天博物馆、坦克博物馆、玩具博物馆、冰激凌博物馆、导弹博物馆等。

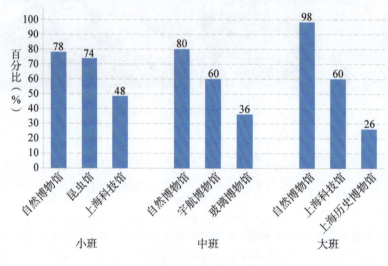

幼儿最喜欢的博物馆统计数据

另外,幼儿往往对近期讨论的话题表现出浓厚的兴趣,且不同年龄段、不同班级的孩子在同一时间段的兴趣点存在差异。即使是同一名幼儿在不同时间段的兴趣点也往往不同,主要表现在对主题进程中的内容发生兴趣。例如,在小班幼儿经过"学本领"的主题后,87%的幼儿喜欢动物的声音和本领,81%的幼儿喜欢动物的皮毛,还有25%的幼儿喜欢动物的家。中班幼儿经过"周围的人"主题后,88%的幼儿对警察、医生职业很感兴趣,40%的幼儿对幼儿园身边的人感兴趣,29%的幼儿对城市里上夜班的人感兴趣。大班幼儿经过"我是中国人"主题后,82%的幼儿喜欢中国的传统节日,一半的幼儿喜欢中国著名的建筑,38%的幼儿喜欢了不起的中国人。

因此,在创建博物馆时,我们需要密切关注孩子们的兴趣变化,及时调整和更新展示内容,以满足他们不断变化的需求。

基于上述调查,我们向老师提出以下建议,以更好地推进幼儿园博物馆的创建工作。

1. 对话幼儿——基于儿童视角,对幼儿感兴趣的博物内容进行深入讨论。

在幼儿园博物馆创建过程中,教师可以与班级孩子及时沟通,围绕他们热衷的博物主题展开讨论。例如,可以引导孩子们思考"你们想要创建一个怎样的博物馆?""你们有哪些创新的设想?""想和谁一起合作完成?""需要用哪些材料来打造?""需要收集哪些有趣的展品?"等问题。通过这些问题,教师可以更加精确地把握孩子们对博物内容的兴趣点,进而通过深入讨论,确定适合他们的博物馆主题。

2. 师幼共建——学习换位思考,针对幼儿园不同场所创设博物馆的可行性展开讨论。

作为教师,可以与孩子们逐步形成学习共同体,共同参与到博物馆的创建过程中。根据孩子们的意愿和想法,围绕他们选择的地点进行不同方式的讨论,激发所有幼儿共同参与创建的热情和创意。最终,通过师幼的共同努力,确定合适的场所,并开展富有成效的共建活动。

第二步:分析场地现状,梳理现有资源。

在已有的建设基础上,全面审视幼儿园的场地与空间布局,邀请专业设计团队参与,共同规划空间的架构和幼儿园博物馆的分区。

1. 思考与定位位置

幼儿园场地以正方形和长方形空间为主,因此,我们借鉴与万里城幼儿园类似的社会博物馆的地形规划,仔细考虑选择的位置与未来互动体验的关联。走廊作为长条形的通道空间,非常适合作为观赏及小面积操作区;专用活动室拥有方正且大小适宜的空间组合,能够容纳大型展品并满足人员互动的需求。走廊和活动室都位于公共空间内,非常适合作为区域共用、主题共创、材料共享的场所,从而构建幼儿园的常设博物馆。

2. 选择与利用光源

自然光线:幼儿园内有大量的玻璃窗户,创建的园内博物馆若朝向北面,中午至下午时段就能够接收到充足的自然光。随着季节和时间的变化,不同区域获得的光线也会有所差异。因此,我们充分利用玻璃与自然光线,设置了光影区、植物观察区、玻璃写生区等,让幼儿在互动中感知光和影的关系,体验光线的变化以及事物之间产生的各种现象。

二楼走廊上的常设艺术博物馆

人工照明光：同时，我们也考虑了人工照明光的选择与运用，根据展区和展品的特性调整光线的强弱。例如，在光线较暗的区域设置森林情景区、投影房等，营造真实氛围，让幼儿沉浸其中。而光线充足的区域适合陈列展品，如昆虫标本、画作欣赏等，特殊射灯的使用进一步增强了展品的真实感和明亮感，便于幼儿观察。

3. 设计与优化动线

在规划幼儿园博物馆的动线时，我们充分考虑了幼儿参观浏览的视点、注意力与兴奋点，确保动线设计符合他们的生理和心理特点与需求。我们关注幼儿在空间中行走的感受与体验，力求打造流畅、舒适的参观环境。

三楼走廊上的常设科学博物馆

位于三楼的科技博物馆采用串联式动线设计，通过一系列连续的主题空间，从火把的起源到灯的产生，空间之间紧密相连，展现出强烈的逻辑性。同时，我们设置了双向出口，确保参观过程的连贯性与体验性。

位于二楼的艺术博物馆采用发散式动线设计，以艺术大师的介绍为起点，通过衣、食、住、行四个独立空间，让幼儿有充足的时间驻足欣赏、感知和操作。这种设计方式使得每个空间之间相对独立，互不干扰。

二楼走廊上的常设艺术博物馆

在一楼设置森林场景,在三楼设置老弄堂场景。采用沉浸式的动线设计,通过情境性的创设,让幼儿身临其境,增强感知力和体验感。这些区域可以让幼儿长时间停留,并置身其中,尽情玩耍和探究。

一楼走廊的森林情景区　　　　　　　　　三楼走廊的老弄堂场景

各专用活动室就是一个小型的独立博物馆,有上下错层的空间、大小各异的区域。我们在保证大动线循环的基础上,特别注重室内小空间动线的流通性。通过设置双向出入口,确保参观过程的安全、流畅与舒适。

各专用活动室内的小型主题博物馆

第三步：查阅社区场馆，确定馆区类型。

在创建常设博物馆的过程中，我们充分考虑了不同年龄段幼儿的兴趣和最近发展区，参考了社会博物馆的基础分类，结合幼儿园的场地现状，精心打造了"三廊"博物空间。这三廊分别是自然廊、艺术廊和科技（历史）廊，各具特色又相互补充，共同构成了丰富多彩的博物世界。

自然廊——"会呼吸的森林"自然博物馆：我们利用空间资源创造了一个回归自然的情境。通过森林情境的设置和仿真材料的触摸体验，让孩子们充分感知自然和生态环境的奥秘，激发他们的探究欲望。

艺术廊——"我在马路边"生活艺术博物馆：我们从贴近幼儿经验的名画欣赏出发，通过呈现趣味形状、多彩圆形、美丽建筑、抽象物体等展品，让孩子们在生活化场景中了解上海的衣食住行，感受海派艺术的精致和多元，从而增强他们的想象力和创造力。

科技（历史）廊——包含"在上海弄堂里'白相'"历史博物馆和"我身边的科技"科技博物馆：结合上海城市文化和幼儿生活中的科技元素，我们创建了"在上海弄堂里'白相'"历史博物馆和"我身边的科技"科技博物馆。在这里，幼儿可以感知中外历史中与自己生活贴近的科技发展变化，了解上海的弄堂文化和城市变迁，同时激发他们对未来科技的向往和探索精神。

（二）投放可以"实现内外联动"的材料

第一步：精心配置场馆设备。

我们诚邀专业人员与家园社区携手，打造出适宜的博物馆装置。这些装置不仅包括大型设备,如虫虫博物馆内的昆虫仿生观察系统、发声系统,艺术馆的光影观察系统,科技博物馆的自创灯带系统,也包括再现会呼吸的森林与上海老弄堂的场景,还加入了安全教育馆的模拟逃生系统。每项装置都能提供给孩子们更加真实深刻的体验,让他们仿佛置身于专业的博物馆之中。

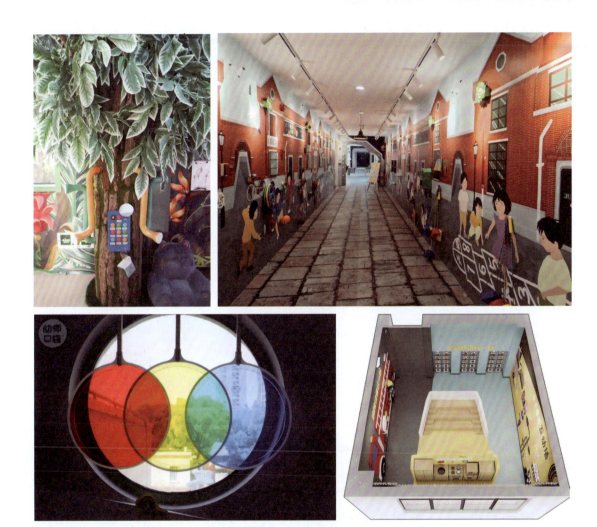

幼儿园常设博物馆的装置设置

第二步:多元投放场馆材料。

操作材料是幼儿探索世界的重要工具。我们重视材料的多元化投放,既包括孩子们自行搜集的材料,也包括家长和博物馆提供的资源以及幼儿园购买的专业材料。材料要求丰富多样,贴近幼儿的生活经验,能有效激发他们的探究欲。

走廊上的常设博物馆各馆区材料汇总表

馆区	区域	材料类型	材料来源
自然博物馆（一楼）	投票区	操作材料：各种笔、各种纸、吸管、各类型自制投票箱	教师提供
	打卡拍照区	硬件材料：平板电脑 辅助材料：盲盒	幼儿园提供
	叶子体验区	硬件材料：树叶、树桩、石头 辅助材料：方桌、纸笔、胶水、玻璃蜡笔	师幼共同收集
	绘本视听区	硬件材料：绘本、恐龙模型、恐龙化石 辅助材料：纸笔	家长与幼儿共同收集
	昆虫标本区	硬件材料：放大镜、手电筒、可移动的昆虫标本、昆虫标本箱 辅助材料：各种昆虫图片、森林背景	幼儿园提供、幼儿收集
	动物互动区	硬件材料：点读笔、动物图片、动物故事书、森林中的动物玩偶 辅助材料：卡通服装	家长提供、幼儿园提供
	蝴蝶标本区	硬件材料：蝴蝶标本、放大镜 辅助材料：自制互动翅膀、放大镜、手电筒	幼儿园提供、幼儿自制
	iPad互动区	硬件材料：平板电脑	幼儿园提供
	触摸区	硬件材料：仿真动物、手电筒 辅助材料：影子图片	幼儿园制作、教师提供
艺术博物馆（二楼）	衣 （草间弥生）	辅助材料：波点衣服、裙子、发夹、发箍	幼儿收集
	食 （巴勃罗·毕加索）	硬件材料：大师的作品、食物的展板 辅助材料：玻璃板充当餐桌、积木拼搭的立体食物、绘画的立体食物、可动手操作的低结构材料，平板电脑（欣赏视频）	幼儿园制作
	住 （贝聿铭）	辅助材料：彩色磁力片、彩色插片	幼儿园提供
	行 （凯斯·哈林）	硬件材料：交通标志、马路情景 辅助材料：磁性的凯斯·哈林小人形象、便利贴	幼儿园提供

馆区	区域	材料类型	材料来源
历史和科技博物馆（三楼）	旧时的车	硬件材料：旧式的自行车、黄包车、三轮车、老轿车	幼儿园提供
	民间游戏	辅助材料：玩跳皮筋、抽陀螺、滚铁环所需材料，沪语童谣	
	老弄堂的窗子	硬件材料：老房子的不同窗户（如老虎窗、天窗）	
	灯的演变	辅助材料：手电筒、触摸灯、星空灯、小夜灯、光影胶片、串灯、粉笔、便笺纸、胡迪造型灯、挂钩、置物架、彩笔	师幼共建
	火的发展史	硬件材料：展示从钻木取火到蜡烛到煤油灯历程的画面 辅助材料：自制蜡烛的材料	幼儿园提供
	火的作用	硬件材料：展示火起源、各种灯饰的墙面 辅助材料：展示古代火可以烹饪食物可以照明的开关，展示火的开关，展示现代火可以点蜡烛过生日的开关、香薰蜡、煤油灯	
	绘本故事墙	辅助材料：绘本故事图	
	科技廊	辅助材料：打卡过科技廊的幼儿在走廊的起点处盖章打卡，并记录在走廊中发现的"光影问题"	师幼共建
	奇思妙想	辅助材料：设计"未来的灯"的用途、材料、造型等，用画笔记录下来（粉笔、手工纸、油画棒、水彩笔等）	
	未来的科技	辅助材料：展示幼儿对未来灯的设计图	师幼共建
	植物灯	硬件材料：手电筒、灯具、植物和小暗箱 辅助材料：观察记录表。小朋友观察三个情况下植物的生长情况，并在表格中记录下来。提供相关的书籍，幼儿自行翻阅	师幼共建

第三步：设置场馆活动内容。

常设馆的内容设置最初来源于共同性课程中的主题活动，但又不拘泥于主题本身。它支持孩子们在经历主题活动的过程中聚焦于某个事物产生兴趣，并开启个性化的探究式学习。例如，从"学本领""动物花花衣""周围的人""我在马路边""我是小学生""我们的城市"等主题中，孩子们开展了"森林中的音乐家""动物的保护色""布衣文化""涂鸦艺术""我的毕业展""为爸爸妈妈放一部老电影"等有趣的探究活动，对昆虫、动物、布料、涂鸦、画展、光影等产生了兴趣。我们把主题过程中生成的、大多数孩子喜爱的"物"搬进了常设馆内，让孩子们有进一步到社区场馆寻找答案的机会,在班级里继续探究。这种学习方式打破了传统的围墙限制,使学习变得更加持久和深入。

常设博物馆各馆区内容汇总表

馆区	人数限额	简介	区域内容	活动场景
自然博物馆(一楼)	28	以自然为元素创建,模拟真实的森林场景,陈列常见的动植物模型,目的是通过走进充满神秘色彩的自然博物馆,激发幼儿的好奇心和探索欲望。	**区域一:树叶大不同** 材料:写生材料、树叶、布、窗外的植物景色 探究形式:观察树叶、拓印、收集、制作 **区域二:动物大世界** 材料:小动物的各式皮毛、卡通服装、仿真动物、动物书籍 探究形式:穿一穿、跳一跳、玩一玩、学一学、模仿声音 **区域三:影子和触摸** 材料:动物剪影、拍拍灯、纸片等 探究形式:观察、游戏、探索 **区域四:昆虫的秘密** 材料:昆虫标本箱、昆虫标本、昆虫图片、放大镜、手电筒 探究形式:观察和躲藏游戏 **区域五:美丽的蝴蝶** 材料:蝴蝶标本、可互动的蝴蝶翅膀 探究形式:观察和躲藏游戏 **区域六:神奇的恐龙** 材料:恐龙模型、恐龙化石模型 探究形式:讨论、感知、探索	

馆区	人数限额	简介	区域内容	活动场景
艺术博物馆（二楼）	28	陈列与展示一系列与艺术相关的物件，可开展艺术创作活动。	**区域一：衣（草间弥生）** **材料：** 在生活用品上装饰设计波点元素，对走廊上的物品进行波点绘制 **探究形式：** 收集并制作波点物品，如波点衣服、裙子等 **区域二：食（巴勃罗·毕加索）** **材料：** 欣赏大师的作品，提供幼儿动手操作的空间，初步了解食物的立体形态 **探究形式：** 不同材料制作食物造型 **区域三：住（贝聿铭）** **材料：** 高楼的形状、不同的屋顶、夜晚的灯光，留白处可供幼儿设计属于自己的建筑和拼接的色块 **探究形式：** 幼儿设计彩色马赛克建筑、搭建光影积木 **区域四：行（凯斯·哈林）** **材料：** 将马路边看到的人、事物和心情用简洁的方式表达出来的作品 **探究形式：** 幼儿绘画凯斯·哈林小人，在欣赏、表达中感受艺术的趣味性	

馆区	人数限额	简介	区域内容	活动场景
历史和科技博物馆（三楼）	28	展示"火的起源""灯的发展历程"以及上海独有的"老弄堂"文化，通过亲身体验、亲自试验和动手操作来了解中国的传统文化。	**区域一：火从哪里来** 材料与制作：纸 探究形式：幼儿互动说故事，根据图片内容讲述故事 **区域二：幼儿园里有了老弄堂** 材料与制作：各类民间游戏材料、幼儿自制投影等 探究形式：幼儿互动游戏、设计与制作投影 **区域三：探究"无影"的工作原理** 材料与制作：各种各样的手电筒、LED 小桌灯、夹子、毛绒玩具、娃娃、乐高小人、镊子、记录纸等 探究形式：幼儿互动记录 **区域四：畅想未来的灯** 材料与制作：走廊墙面、铅画纸、画笔等 探究形式：绘画、粘贴 **区域五：灯，那些事儿** 材料与制作：走廊墙面、铅画纸、画笔等，手电筒、现代灯等 探究形式：绘画、粘贴	

以幼儿为主体，给孩子提供一个有吸引力的"博物馆"环境，让这个环境引发兴趣，同时让幼儿的学习成果成为环境的一部分，不断丰富常设博物馆内的"物"，增添其内涵。幼儿在每天的自由活动时间可以自主选择探访喜欢的场馆并尽情地探索。教师的倾听是起点，将幼儿对每一个"物"的探究与常设博物馆联结，让学习更加深入。

二、"一馆"留白馆：支持个性生成的兴趣点

在常设博物馆创建的过程中，我们认识到，仅仅依靠走廊上的常设馆并不足以满足不同年龄段幼儿对自主空间的全面需求。因此，我们迈入了第二阶段的研究，这一阶段的核心聚焦于"自主"，致力于将环境转变为更加符合儿童天性的自主探索空间。我们选取"留白的一馆"作为载体，力求打造"一馆一世界"的独特体验，让每一个馆都成为幼儿游戏与探索的乐园，激励他们创造出属于自己的博物馆，从而激发他们的博物意识。

下面，以"玩具博物馆"为例说明如何创建留白馆。

（一）幼儿自主打造专属"留白馆"

第一步：确定"留白馆"的主题和内容——利用问卷、访谈、投票等形式进行广泛调查。

借助精心设计的问卷、深度访谈及民主投票，我们全方位地搜集孩子们的观点，确保他们的声音在每个决策环节中得以响亮表达。这样的调查不仅揭示了他们的兴趣焦点，也挖掘出潜在需求，使我们的"留白馆"成为激发探索热情、满足个体差异的奇妙天地。

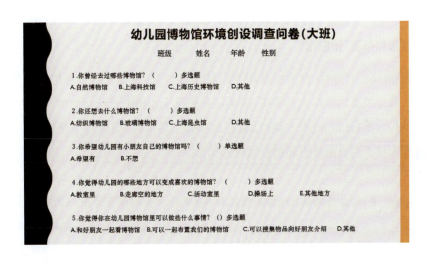

在创建玩具博物馆的过程中，全园幼儿参与了问卷调查，共同确定了以"玩具"为主题的留白馆，确保设计能贴近幼儿的真实兴趣。

第二步：组织并开展儿童议会——对感兴趣的问题或创建过程的主要元素展开讨论。

儿童议会的设立旨在赋予孩子们声音和力量，让他们在互动和讨论中碰撞思想火花。在这

个微型的民主平台上，无论是关于玩具选择的辩论还是空间布置的决议，每个孩子的观点都受到尊重，每次决策都凝聚集体智慧。通过参与议会，孩子们不仅学习合作与协商，也激发创新意识，使"留白馆"真正成为属于他们自己的探索天地。

当老师和孩子们共同讨论"你想创设一个什么博物馆？"这个话题时，孩子们因相同或相似的兴趣和爱好聚在一起，商量着共同创建属于自己的博物馆。通过面向儿童代表的问卷调查，孩子们一起确定出了玩具博物馆的主题，看着他们兴奋的眼神和滔滔不绝的话题，我们选择默默观察与支持，真正蹲下身倾听他们的心声。

在儿童议会上，儿童代表畅所欲言

第三步：收集和布置"留白馆"。

孩子们的喜好多元且独特，从毛绒动物到科技玩具，每一种都承载着他们的想象力和欢乐。因此，广泛搜集各种类型的玩具至关重要，以满足每个孩子心中那份无尽的好奇。在尊重和激发他们个性的基础上，根据讨论的深入见解，精心布局每个展示区，确保每个角落都充满探索的惊喜，让博物馆成为孩子们自由梦想和创新思维的乐园。

要在幼儿园创建"玩具博物馆"的想法确定后，老师和孩子们展开了激烈的讨论。

老师：

"你最喜欢的玩具是什么？"

"玩具博物馆可以有哪些玩具？"

孩子：

"我最喜欢乐高了，我想带一个奥特曼的玩具放在玩具博物馆。"

"我想带陀螺、乐高到玩具博物馆里，还有汽车。"

"我想带点玩偶,这样弟弟妹妹都可以玩到玩偶了。"

"还要有带亮片的裙子,穿起来走秀的时候会很好看,我觉得还可以再放些短裙。"

"是的,还要有些长裙。"

在倾听孩子们讨论的过程中,老师记录下了孩子们最感兴趣的活动内容:

"奥特曼有这么多不同,我们可以一起对战。"

"汽车人怎么变形呢?我也好想玩一玩。"

"我想变成爱莎公主,跳冰雪奇缘。"

大家都表达了在玩具博物馆里最想做的事,继续商量怎样整理与布置。在收集玩具的过程中,孩子们对玩具有了更深入的认识。他们逐步发现玩具有不同的种类,有的是毛绒玩具,有的是机械类可拆装玩具,有的是电动玩具;有的玩具是一个人玩的,有的玩具是合作玩的,有的玩具还有一个大家族。孩子们对玩具的观察和探索更加深入和细致了。

在玩具博物馆中,孩子们根据自己的兴趣和想法,收集了各式各样的玩具,经过讨论,布置出不同的区域。

第四步:设计并优化"留白馆"空间——借助丰富的打卡经历,参与场地规划与内容布置。

孩子们根据不同的玩具类型,设计出公主区、英雄区等区域,并在实践过程中根据反馈进行动态调整。他们根据自己对博物馆的打卡经验进行了初步的场地设计和内容选择,并形成最终设计图。师幼共同布展,玩具博物馆初具雏形。

幼儿绘制玩具博物馆设计稿

以下是我们整理的各馆区活动内容汇总表,从这份汇总表中可以清晰地看到,每个馆区的小区域都设计了相应的活动,活动内容丰富多彩,并且在幼儿的实践过程中持续进行动态调整与优化。

玩具博物馆各区域内容一览表

馆区	人数限额	简介	区域内容	活动场景
玩具博物馆	28	此馆是通过"儿童议会"产生的,通过搜集各种各样的玩具,以及参与关于玩具的游戏和活动,使幼儿获得了关于玩具的最直接、最鲜活的体验	**区域一:英雄类** 材料:塑料玩偶、卡片、动画图书变身器、服装 探究形式: 1. 按照进化的时间顺序排列玩具,探究排列的乐趣 2. 模仿并戴着面具跟着音乐一起跳舞 **区域二:公主类** 材料:拼图、装扮物、背景板、低结构材料 探究形式:装扮表演 **区域三:冒险类** 材料:手电筒、未知生物透明卡片、海底背景板、水彩笔 探究形式: 1. 提供拆散的材料,让幼儿拼搭组合 2. 从大到小给玩具排序 3. 拯救未知生物、涂色、投影 4. 观看动画视频、装扮、模仿表演	

馆区	人数限额	简介	区域内容	活动场景

（二）幼儿自发维护管理"留白馆"

第一步：设立参观规则和引入角色扮演——将"留白馆"融入幼儿的一日生活。

教师与幼儿一起制定详尽的参观守则，包括尊重每件展品、保持安静以及互动区域的安全规定，以确保和谐的参观环境。委任有自主意愿及责任心强的孩子轮流担任博物馆馆长，他们将引导参观，解答疑问，维护秩序。此外，设立的志愿者团队则负责协助维护馆内设施，帮助小朋友们更好地理解和享受展览。通过他们的努力，每位踏入留白馆的访客都将沉浸在玩中学的良好体验中。

"怎么才能保证每个班级的小朋友都有机会来'留白馆'玩呢?"这个问题被提出后又召开了儿童议会，最终孩子们决定商量出博物馆馆长和志愿者以及每次可以有多少人来参观、什么时间来参观的规则，以此确保博物馆的日常运行秩序和每位参观者都能获得良好的体验。

博物馆的馆长由大班每班推选一位轮流承担，志愿者可以选择自己最感兴趣的展品做讲解准备，每天的午饭前后也成了玩具博物馆的开放时间，不同年龄段的幼儿可以轮流前来打卡。

第二步：自我评价与优化——利用参观打卡的任务情境实现评价。

随着"留白馆"的顺利运行，孩子们开始关注如何使用这个空间，已经使用的体验如何。为了让"留白馆"持续焕发魅力并维持良好秩序，孩子们需承担起守护者的角色，参与清洁、整理，以及设施的日常检查。通过这样的实践，他们不仅学会了尊重共同空间，还培养了团队协作和领导能力，同时在实践中不断倾听同伴的意见并调整自己的场馆，将"留白馆"打造为一个充满活力、有序且富有创意的自主学习天地。

玩了一阵子后，孩子们想要把好玩的玩具博物馆分享给其他班级的小朋友。一天，一个英雄区的小朋友提出疑问："这些挂着的玩具总是撞到我的头，弟弟妹妹太小了，他们一定会被撞到的，怎么办？"孩子们纷纷点头附和，他们意识到，要让博物馆真正吸引人，还有许多细节需要完善。"白色的墙面和光光的楼梯看起来不好看，怎么办？"大家开始集思广益，有的提议画上英雄主题的壁画，有的建议挂上彩色的气球和彩带，让气氛更加活泼生动。孩子们立即展开讨论，最后决定将绳子吊高一些，确保参观者的安全。"对了，投票的管道上如果有真的玩具可以玩一下再投票，是不是更有趣？"另一个孩子提出了新想法。大家眼睛一亮，觉得这是个极好的主意，既能增加互动乐趣，又能让投票更具意义。经过幼儿的商量改造，玩具博物馆大变样了。

幼儿设计并改造自己的玩具博物馆

看到孩子们如此热情地参与讨论,老师决定支持他们的想法,并引导他们将整改行动付诸实践。在老师和孩子们的共同努力下,博物馆的墙面被装饰得五彩斑斓,楼梯也变得富有创意;投票区增加了真实的玩具,让孩子们在体验中投票;悬挂的玩具也被调整到了合适的高度。

第三步:多组协同的持续动态优化——由教师、家长与幼儿组成支持组、调整组、体验组,不断优化留白空间。

我们构建了教师引领、家长参与、幼儿主体的支持组、调整组和体验组,三者协同发力,致力于打磨"留白馆"的每个细节。从环境布局的微调到活动设计的创新再到互动材料的使用,我们悉心倾听孩子的声音,将他们的奇思妙想融入实践,旨在打造一个激发灵感、培养秩序感并滋养博物意识的空间,让孩子们在互动与探索中茁壮成长。

玩具博物馆正式开放

终于,在孩子们的期待中,博物馆开放日如期而至。每天的餐前一刻,各个班级的孩子都可以轮流来打卡。而博物馆馆长和志愿者们则尽职尽责地维护着博物馆的秩序和环境,确保每位参观者都能享受到愉快的体验。每学期的博物馆奇妙日我们也会邀请家长及社会人员入馆参观。活动结束大家也能为自己喜欢的区域投上一票。

在"一馆一世界"的理念下,我们致力于打造一个充满自主与留白的环境,尊重幼儿的兴趣让他们"大胆地玩"。而在"玩"的背后,我们看到的是孩子创造力、想象力、探究力、共情力的多元发挥。

在玩具博物馆中,孩子们自发创设、体验、整改和管理场馆,展现出了他们独特的主动性和创造力。通过亲身参与博物馆的创建和管理,孩子们对"留白馆"产生了深厚的感情。他们不仅关心玩具的摆放和墙面的装饰,更关心如何能让每一位参观者都获得美好的体验。这种从自我出发但又超越自我、关心他人的态度,正是孩子们在成长过程中需要不断培养和强化的品质。此外,这次活动也让孩子们深刻体验到了责任与担当。作为博物馆的馆长和志愿者,他们需要时刻关注博物馆的运行状态,确保每一位参观者都能得到周到的服务和良好的体验。这种责任感的培养对于孩子们未来的成长和发展具有非常重要的意义。

在无法直接外出参观、直观感受世界多元文化时,万里城幼儿园梳理了适合幼儿探索的线上与线下博物馆资源,形成一份详尽的资源表。这份资源表旨在帮助渴望了解社会的幼儿、教师、家长及社群成员,随时随地探寻博物馆中蕴藏的无尽奥秘与世界的多彩多姿。

还设计了打卡日、分享日与畅游日等系列博物活动形式,进一步支持孩子们在探索与发现中成长,帮助他们形成对博物馆核心价值的个性化认知,从而培育对人类、社会与文化的热爱与期待。

一、打卡日:日常互动,丰富博物体验

打卡日可以是基于幼儿园内常态馆创建的固定打卡日,参观对象是三廊一馆中随处可见的博物角、博物廊、博物墙及专用活动室的主题博物馆。师幼能够在幼儿园中自由活动,与环境互动;亦可以是根据课程或幼儿需求开展的社会博物馆参观、线上博物馆资源观看的自主打卡日,让家长及幼儿自主参与到主题或博物活动中,通过丰富多样的互动形式,深化幼儿对博物世界的认识与体验。

(一) 线上打卡日:开拓了解更大的学习世界,萌发博物意识

随着线上资源的日益丰富,我们充分利用线上博物馆这一宝贵资源。在线上打卡日,孩子们通过观看、阅读、欣赏等方式,深入了解博物馆中的珍贵文物和背后的故事,从而拓宽视野,激发对博物世界的浓厚兴趣。

在这个过程中,教师主要从以下四个方面进行准备和引导。

1. 筛选线上资源

教师广泛搜索各类线上博物馆资源,仔细评估其内容的教育价值、趣味性和适宜性。不仅要关注与课程主题相关的资源,还要考虑幼儿的年龄特点和兴趣爱好。从大量的资源中精选出能够激发幼儿好奇心、培养观察力和思考能力的内容,例如上海艺术博物馆的《坂茂建筑展——建筑设计与

建筑项目的共存》，并从其中挑选出适合幼儿的部分，如介绍纸建筑大师坂茂以及关于坂茂建筑展的纪录片。同时，教师总结纪录片中的关键内容，如建筑师想要服务因自然灾害失去家园的群众的愿望，因为人们对它的喜爱而存在 10 年之久的神户纸教堂等受孩子们喜爱的内容，并确定这些作为线上打卡的重点。

优质且合适的线上资源是开展有效线上打卡活动的基础。精准的筛选能够确保幼儿接触到有意义、有吸引力的信息，为后续的学习和探索奠定良好的开端，激发幼儿对博物世界的初步兴趣。

2. 确定打卡问题

教师深入分析筛选出的线上资源，结合幼儿的认知水平和发展阶段，设计一系列具有启发性和引导性的问题。这些问题应涵盖资源的关键要点，能够激发幼儿的思考和探究欲望，例如关于建筑结构、材料选择、文化内涵等方面的问题。设置打卡问题，一是为了引导幼儿观看、阅读、欣赏，从而理解自己所接触的资源；二是鼓励幼儿大胆提出自己的问题，多问"为什么""怎么办""我可以做什么"；三是启发幼儿通过实验、调查、游戏等为自己的想法做计划。

明确的打卡问题能够为幼儿提供清晰的思考方向，帮助他们在浏览资源时具有目标性和深度。

3. 创造探索机会

教师利用园内和家园资源，为幼儿创造探索的机会。在园内提供丰富的材料和工具，如各种纸张、胶水、画笔等，鼓励他们动手实践，将线上学习到的知识转化为实际的创作。同时，积极与家长沟通合作，提供探秘任务表，让幼儿带着问题进入线上博物馆，在家中也能有机会继续探索。同时，准备心里话收集袋，倾听幼儿的所思所想。

创造探索机会能够让幼儿通过亲身实践加深对知识的理解和记忆，培养他们的动手能力和创造力。家园合作则能营造更浓厚的学习氛围，使幼儿的学习不受时间和空间的限制。

4. 组织分享活动

教师精心策划分享活动的形式和流程，如举办作品展示会、故事分享会等。在活动中，引导幼儿积极展示自己的探索成果，鼓励他们用清晰、连贯的语言讲述自己的创作思路和过程。教师还需对幼儿的表现给予及时、具体的反馈和鼓励，激发他们的自信心和成就感。

组织分享活动能够为幼儿提供一个展示自我的平台,增强他们的自信心和表达能力。同时,通过倾听他人的分享,幼儿能够拓展思维,从不同的角度看待问题,进一步深化对博物知识的理解和认识,培养尊重和欣赏他人的品质。

案例 玩转"纸建筑"(线上打卡)

(案例提供者:殷舟捷)

一、理解资源

1. 资源主题与推荐:上海艺术博物馆《坂茂建筑展——建筑设计与建筑项目的共存》,介绍纸建筑大师坂茂以及关于坂茂建筑展的纪录片。

2. 关于资源的基本信息:纪录片中信息量庞大,总结出两个受孩子们喜爱的内容并展开讨论——建筑师为因自然灾害失去家园的群众制作的纸教室以及因为人们的喜爱而存在10年之久的纸教堂。

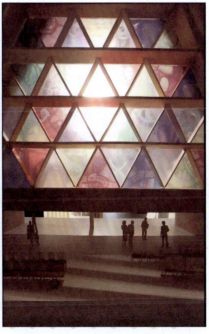

第一张图是一座纸教室。汶川地震时,孩子们的教室坍塌了,坂茂用纸筒为他们制作了教室。纸筒的优点是轻便和廉价,还可以回收再利用。

第二张图是一座纸教堂,其屋顶呈三角形,装饰有许多彩色玻璃,可容纳700人,内部可以举行音乐会。

3. 对幼儿存在的发展:从社会性角度出发,幼儿可以在线上打卡的过程中产生对家园的关爱。他们可以想象纸和建筑之间是否能产生关联,创造属于自己的纸建筑,了解如何用纸建造建筑,以及纸建筑如何帮助灾难中的人们重建家园。

二、理解问题

1. 用纸做的房屋如果遇到地震会发生什么?

为什么人们也想要拥有一座纸做的教堂?

三、探索活动:用纸造房子

1. 探秘任务表

孩子们带着问题进入上海艺术博物馆,思考:"怎么把纸变成建筑?为什么要用纸做建筑,有什么好处?你能用纸来制作一个建筑吗?"并尝试一边观察一边绘画,深入了解,感受蕴含于建筑中的人文关怀。

2. 我是小小建筑师

除了了解纸建筑背后的故事,孩子们还动手尝试模仿坂茂的建筑风格,通过亲身体验,感受纸的魅力。

季闻昀:经过4天安装,小房子终于竣工了!我使用的材料有废弃纸制作的纸棍、胶水、黏土、牛皮纸包装袋。

王艺淇:观看线上美术馆的作品后,我发现其中有彩色的三角形。然后爸爸帮我按照图画进行制作。我们又用小的纸卷成卷,用胶水固定在带艾莎图案的纸上,再粘贴到后面彩色的纸上。

四、分享活动：创意建筑师

孩子们不再满足于模仿，他们希望用自己的想法为生活中需要帮助的人、动物提供力所能及的帮助，或者体验一下变废为宝的快乐。

刘悦舟：我们利用现有的工具进行测量、描绘、制作，再次利用了不同的纸张，体验了一次变废为宝的过程！

薛亦芯：我从坂茂建筑得到灵感，设计了一个流浪小动物收容所。这是样板房的放大版，包括小房子、小窝、狗粮、猫粮，大家也可以尝试制作哦。

看来，坂茂建筑展不仅让孩子们感受到了纸的神奇魅力，还让他们体验到建筑带给人们的温暖和力量。博物秘密无穷无尽，愿孩子们在无尽的探索与发现中了解世界的千姿百态，并有所收获，一起玩转自己的"纸建筑"！

案例   指尖卢浮宫（线上打卡）

（案例提供者：王怡婷）

一、理解资源

1. 资源主题与推荐：法国线上儿童卢浮宫。

2. 关于资源的基本信息：法国线上儿童卢浮宫的内容以年代、季节性故事、美术馆等分类呈现，引导儿童在指尖欣赏卢浮宫的美。

3. 对幼儿存在的发展：孩子们满怀好奇地搜集、探索、实践，寻找各种关于"艺术"的问题，并试着通过画作讲述自己理解的故事。

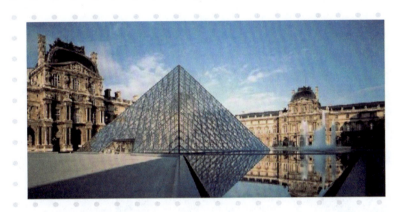

二、理解问题

1. 你从画中看到了什么？

2. 你想到了什么？

三、探索活动：开一场我们自己的画展

1. 探秘任务表

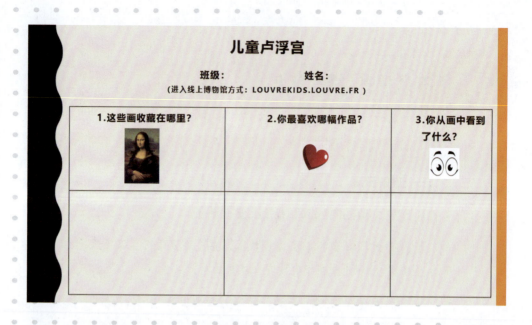

儿童卢浮宫		
班级：　　　　　　　姓名：		
（进入线上博物馆方式：LOUVREKIDS.LOUVRE.FR）		
1.这些画收藏在哪里？	2.你最喜欢哪幅作品？	3.你从画中看到了什么？

　　孩子们带着问题进入"儿童卢浮宫"，一边观赏一边绘画，静心欣赏卢浮宫的云端展品，感受作品背后的故事与情感。

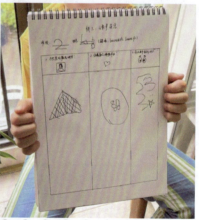

2. 心里话收集袋

崔轶枫：今天我和爸爸妈妈一起在电脑上观看了卢浮宫博物馆。了解到卢浮宫曾是法国王宫，有50位国王和王后居住过，后改造成博物馆。卢浮宫收藏了来自世界各地的许多艺术珍品。我最喜欢的是世界名画《蒙娜丽莎》，她是一位漂亮的姑姑，留着卷曲长发，胖嘟嘟的脸上有一双漂亮的眼睛，她的嘴角微微扬起。她穿着朴素的深色裙子，右手叠握在左手的手腕上。姑姑的微笑也很神奇，无论从哪个角度看，都感觉她在望着自己。你也喜欢蒙娜丽莎吗？

幼儿在欣赏和倾听故事时，往往不会被展品牵引，他们对作品有自己的欣赏角度，更关注画面带来的直观感受、细节和情感传达。他们不同的视角为自己的创作带来了许多灵感。

四、分享活动：我的画展

李安安作品《疫情下的小女孩》　　　　朱佳怡作品《抗击疫情》

我是李安安，我画的这幅画叫"疫情下的小女孩"。我觉得白色的房顶不好看，所以就把它涂成了漂亮的橙色。哎呀，我不会写"警戒线"这三个字，没办法就只能用红黄色把它画出来啦。在我的画里，小女孩正乖乖地在家里做核酸检测呢。

我叫朱佳怡，今年五岁。今天我画的是病毒。这个病毒，有大大的、扁扁的，有小小的、瘦瘦的。这是一个"大白"，这里有药片，还有个小朋友发烧了。这里有口罩，还有板和针。我画这幅画是提醒大家勤洗手。

朱乔霖作品《做核酸的大白》

杜罗熙作品《上海加油》

我是朱乔霖，我画的是"大白"在大大的太阳下努力工作。"大白"给一个人做完核酸，那个人"啊"了一声之后，"大白"就轻轻摩擦一下，然后把样本放进专门检测的罐子里，紧接着后面的人就马上过来啦，真辛苦呀。

我是杜罗熙，我画的这幅画名字叫"上海，加油"。那些讨厌的病毒突然闯进了我们的家，害得我都不能开开心心地去上学了。不过呢，有好多好多善良的人关心着我们，我要特别感谢日夜不停工作的医护人员和辛苦的社区工作者。

李诗妤作品《共同抗疫》

魏萨天作品《辛苦的大白》

我是李诗妤，我的作品叫"共同抗疫"。上海的疫情特别严重，叔叔阿姨们都辛苦极了。我要谢谢医生、护士，还有那些热心的志愿者给我们送菜。让我们一起努力消灭病毒。

我是魏萨天，我画的是两个"大白"在休息。因为他们给好多好多人做核酸检测，真的是太累太累啦，所以一定要谢谢他们。

张珈禾作品《排队做核酸》　　　　　　吴振霄作品《我的爸爸》

我是张珈禾，我画的是小朋友们在做核酸。那天的天气好得不得了，周围还有漂亮的小花、可爱的蝴蝶、欢快的小鸟。医生正专心地给小朋友们做核酸。

我是吴振霄，我的爸爸在上班照顾感染病人，我真希望病毒能快快快地走开，我特别特别想爸爸，爸爸你快点回来呀。

案例　点点色彩世界（线上打卡）

（案例提供者：董开妍）

一、理解资源

1. 资源主题与推荐：线上展览《草间弥生系列展览》

2. 关于资源的基本信息：草间弥生喜爱自然，具有独特的艺术风格和创新精神。她的作品夸张、有趣、色彩鲜明，总是能在第一时间吸引孩子的眼球，引发他们讨论的兴趣。

3. 对幼儿存在的发展价值:

草间弥生的艺术作品对儿童美术教育和全面发展提供启示。她的点状绘画和重复模式激发儿童创造力,增强空间感知与视觉错觉的理解能力。色彩运用促进儿童色彩感知和美学理解;同时,装置艺术如"无限镜屋"锻炼空间理解能力。作品中的多元文化元素培养儿童对世界文化的理解和尊重,情感表达则有助于情感认知和自我表达。草间弥生的创新思维挑战传统,启发儿童创新和问题解决能力,提升艺术欣赏和理解。她的艺术在幼教中发挥深远影响,是儿童教育的宝贵资源,有助于创造富有创意的学习环境,促进儿童全面发展。

二、理解问题

1. 波点作品给你带来什么感受?

2. 你为什么喜欢它?

三、探索活动:走进"点点点"的世界

1. 探秘任务表

孩子们带着好奇进入草间弥生的世界,一边看一边画,深入感受草间弥生的无限创想,共同开启了一段奇妙的波点之旅!

线上：草间弥生系列展览

班级：_____   姓名：_____

1.你最喜欢哪幅波点图案？为什么？	2.请你找一找身边还有哪些"波点"？	3.请你创作一幅你自己的"波点小作品"吧！（可画在绘画纸上）

班级：__小三班__   姓名：__陆星豪__

1.你最喜欢哪幅波点图案？为什么？	2.请你找一找身边还有哪些"波点"？	3.请你创作一幅你自己的"波点小作品"吧！（可画在绘画纸上）
陆星豪最喜欢波点南瓜。 因为南瓜圆圆的，点点也是圆圆的，很可爱。而且生活中没有看见过带点点的南瓜，特别有趣。		

班级：__小三班__   姓名：__孙心丞__

1.你最喜欢哪幅波点图案？为什么？	2.请你找一找身边还有哪些"波点"？	3.请你创作一幅你自己的"波点小作品"吧！（可画在绘画纸上）
最喜欢的是这朵波点的花，因为这是我最喜欢的粉红色。	这是家里找到的波点餐垫	画的是蝴蝶身上长的波点花纹

1.你最喜欢哪幅波点图案？为什么？	2.请你找一找身边还有哪些"波点"？	3.请你创作一幅你自己的"波点小作品"吧！ （可画在绘画纸上）
 因为喜欢章鱼造型，好漂亮。		

2. 找一找身边的波点

除了完成任务卡，小小观察员还有一些特别的发现！

小狗身上有各种大大小小的黑色点点。

七星瓢虫是我见到过身上长有波点图案的小昆虫！

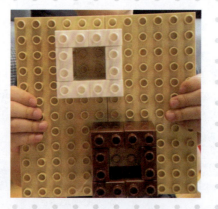

我发现我的积木上竟然也有波点图案！

四、分享活动：波点小画师

在欣赏完草间弥生奶奶的作品后，小朋友们有了许多新奇的想法，通过亲子共创设计出许多与众不同的波点作品。我们都成了波点小画师，和朋友分享我们生活中的美好瞬间。

用各种颜色的马克笔在我的衣服上点一点。我有好看的新衣服啦！

蓝色大海的海面上被洒上了点点星光，那是我最爱的景色。

用许多不同颜色的圆点点这儿贴贴那儿贴贴，好看的波点杯完成啦！

我和妈妈一起用这些好看的圆圆纽扣装饰了这个杯子。你们觉得好看吗？

今年是虎年，我在小椅子中间贴了一只小老虎，旁边还贴了一些钱。希望小老虎多给我一点钱买玩具！

我用了些颜料，在盒子和瓶子上画了许多好看的点点。快看，我的波点小花园完成啦！

(二) 线下打卡日：城市内社会资源的开发与利用

　　幼儿千奇百怪的想法不是幼儿园内的博物馆能满足的，需要我们利用好社会场馆资源，满足幼儿经验的"输入"与"输出"。走出去，行走在博物馆，是一种经验的"输入"。孩子们可以翻越学校的围墙，去社区、去社会，在博物馆馆员、教师、家长的带领下获得多样的经历，以不同的方式学习，搭建基础知识，构建自己的想法。回园里，实践在园里，是一种经验的"输出"。不同年龄段的孩子将对自己的经验在师生一同打造的幼儿园博物馆里重复、设计、创造、更迭。

　　上海，这座繁华都市，蕴藏着丰富的博物资源。据统计，2023 年上海已有 165 家固定博物馆，其中还不包括临时展览。这些博物馆如同城市的文化瑰宝，等待着我们去发现、去体验。每个孩子的内心，都藏有一座"问题博物馆"，那里充满了他们对世界的好奇与探索欲望。我们鼓励家长带着孩子走出家门，参与线下打卡日活动，亲身感受博物馆的魅力，探索其中的无尽奥秘。在线下打卡日中，孩子们或许会被一件古老的文物吸引，或许会对某个展览主题产生浓厚兴趣。他们会用自己的方式去感知、理解这些藏品背后的故事。我们将跟随孩子们的脚步，聆听他们的提问，与他们一同解开这些看似天马行空，实则充满趣味的问题。

大班案例　　科技馆之旅（线下打卡）

　　基于"我们的城市"主题活动的学习和探究，让孩子进一步了解了我们城市中非常有趣的地方——博物馆，作为博物馆亲子打卡系列活动的第一站，我们选择了互动性很强的上海科技馆。那么，科技馆该怎么逛呢？我们鼓动孩子们自己提问题、找到答案，和爸爸妈妈一起享受发现的快乐。

1. 故事缘起

　　教师和孩子们阅读了绘本《奇奇妙妙博物馆》，然后和孩子交流：你参观的第一个博物馆是什么？博物馆里隐藏着哪些神奇的秘密？博物馆里不仅有小玩具，还有宏大的宇宙。有罕见的猛兽，有脸盘般大的花朵，还有充满科技感的各种仪器……甚至连自己的房间也能成为一座博物馆，一座属于自己的博物馆！

同时,通过大班主题活动"我们的城市",孩子们对上海的博物馆有了初步的了解,他们说:"博物馆的种类丰富多样,有供人欣赏的、可以参与游玩的,还有能够动手体验的……"

2. 引发兴趣

教师先通过科技馆的线上资源带领孩子进行了一次"云参观"。对于科幻奇妙的科技馆,小朋友们充满了好奇:"为什么科技馆可以造得那么大? 机器人怎么会弹钢琴? 为什么有的有工作人员带领参观,有的却没有? 进入科技馆我该如何选择先去哪里玩?"

3. 打卡小任务

孩子和爸爸妈妈共同走进科技馆亲身体验、发现与探索博物馆中的"小秘密",孩子们可以用自己独特的方式记录下在博物馆中的所思、所见、所闻。

(1) 亲子探秘,现场发来"报道"

"我家桐桐直奔动物世界标本展厅,兴奋地指着狮子喊'辛巴',指着非洲疣猪喊'彭彭'!"

"我家娃一进馆就紧盯着我预约了'食物的旅行',还没预约的赶紧哦!"

"我们在三楼,小家伙已经沉迷于'机器人'玩了好几轮射箭,舍不得离开……"

"我和昊昊正在体验'地震体验屋',他太兴奋了,让我头晕。"

"欣宜正忙着完成学校发放的'博物馆任务卡'。"

通过亲子探秘活动,家长看到孩子感兴趣的内容,并感受到自己也能被博物馆内有趣的互动装置所吸引,仿佛回到童年。这种共同经历为家长与幼儿之间提供了共同话题,激发了家长的内在动机与孩子共同去探讨问题。

(2) 打卡收获,超多惊喜"解锁"

"我最喜欢科技馆里的机器人,它们太神奇了!"

"我跟机器人下了棋,还观看了机器人的射箭比赛。"

"我看了机器人跳舞,他们的舞步很整齐……他们是我们人类的好朋友,能为我们做很多事情。"

"我终于体验到了'食物的旅行'了,真的像老师说的那样,最后变成了大便!"

"我拍了一张头发全部竖起来的照片,真是太有趣了!"

"我们是大班了,去科技馆要做一个文明的参观者。博物馆里需要安静参观,不可以奔跑或大声喧哗。我在纸上记录了许多标志,都是在博物馆里找到的,包括禁止拍照、保持安静、禁止触摸、禁止攀爬、安全通道……"

"我拍摄了科技馆的参观说明书、讲解器、电影院……"

从孩子们的话语中,我们发现孩子对机器人充满了向往,对有趣的《食物的旅行》充满好奇,并且关注到许多博物馆中的特定标志,从而对参观的文明规则产生关注,同时留下了他们许多美好的回忆。作为教师,我们可以思考孩子的话语中哪些问题值得延续,哪些情绪应予以鼓励,以及哪些社会规则应通过讨论让孩子关注,从而使每次打卡行动都富有意义。

(3)特别定制,发布宣传海报发布

返回幼儿园后,孩子们自主分组开始了自己的探究,并决定策划一场博物馆海报宣传活动,向中班和小班的弟弟妹妹以及所有老师、家长介绍博物馆内的秘密。结合参观前的任务,孩子们通过制作立体展区、绘画海报、剪辑照片、寻找标志、规划路线等方式介绍了专属于他们的场景体验和独特的分享宣传。

小分队 1:科技馆的标志

在科技馆的寻找标志游戏中,孩子们细致观察了科技馆的每一个角落,记录下许多标志。这一小分队的孩子们回到幼儿园后讨论起了怎么制作标志海报的话题。"你们去科技馆找到了哪些标志?""我看到扶手电梯旁有各楼层的地图。""受欢迎的项目会有排队等候的标志。""还有许多请勿触摸的标志。"在老师的帮助下,他们决定按照进入博物馆的顺序画出所有标志并进行介绍。于是,他们开始绘画、制作,老师协助连线和排序,最终在海报上分享了他们印象最深刻的"小标志"。

这份有趣的标志海报向小朋友传达了一个信息,即未来参观博物馆时需要关注这些小提示,成为文明的小小博物家。

小分队 2:科技馆最好玩的路线

科技馆很大,哪里最有趣? 如何高效游览? 第二小分队的孩子们带着自己的观察记录回到幼儿园与同伴展开分享。"看,这是我和妈妈拍摄的进入《食物旅行》的视频,里面超级好玩,我感觉就变成了食物,最后又变成大便被拉了出来,哈哈哈。"通过视频,孩子们开展了《食物旅行》主题的还原和演示,向同伴推荐了这个有趣的地点。"大家猜猜我在做什么?"琳琳僵硬地、机械地模仿弹钢琴、射箭的动作,她扮演的机器人吸引了同伴们的目光。每个孩子都用自己的方式向大家推荐了自己眼中科技馆中最好玩的东西,于是大家决定将这些好玩之处画下来,设计成"最佳路线图"并制作成海报。

在海报制作活动中,这个小分队的孩子推出了"精彩跟我走"的主题参观路线,让每个参观者都能在科技馆中"感受精彩,实现文明参观"。在此过程中,孩子们的学习成果可以被我们"看见"。为了制作出既美观又实用的海报,孩子们在二次打卡科技馆时仔细观察每一个活动,并能回顾、梳理及总结自己看到的展品或互动装置,努力成为一个会宣传、会分享的小小博物家。显然,将海报宣传作为博物馆参观后的输出方式非常适合孩子们整理思维,并用自己独特的语言大胆表述出来。

小分队 3:机器人的粉丝

第三小分队是由一群被机器人深深吸引的孩子组成的。他们一回到幼儿园就聚集在一起激动地谈论自己在科技馆与机器人之间的奇妙经历。"我和机器人比赛射箭,看谁能射中靶心。""我去听了机器人弹钢琴。""我制作了一台属于自己的机器人车,并为它涂上了粉色和蓝色。"

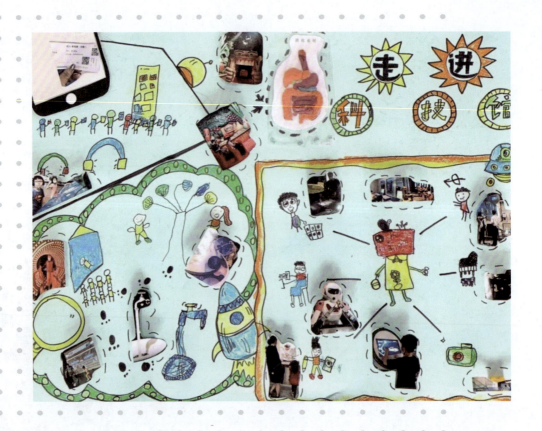

这次的打卡活动极大地激发了孩子们对机器人世界的兴趣和好奇心。他们聚在一起兴奋地分享自己的发现,并感受到机器人给人类生活带来的乐趣和便利。孩子们开始思考环保、人与机器人共存、我独有的机器人等话题。这些话题都可以作为培养小小博物家的契机,值得我们珍惜和深入挖掘。线下博物馆的参观,让孩子们更好地了解自己、放眼看世界,在博物馆里,儿童能够翻越学校的围墙,像历史学家、科学家或者人类学家一样学习。

小班案例　自然博物馆之旅(线下打卡)

（案例提供者:朱嫣　朱逸稼）

每个孩子的眼中,都藏着世界上最美妙的事物!这次我们一起走进了广袤的自然世界,和孩子们一起体验、发现大自然的奇妙与神秘。自然博物馆中到底藏着哪些小秘密?里面都有哪些神奇的知识呢?

1. 故事缘起

在空余时间,孩子和家长一起阅读了绘本《收集东·收集西》并展开了讨论,这个绘本故事告诉我们:"常常会因为喜爱或者爱而收集东、收集西。只要有了爱,这份收集就是最珍贵的。"关于"收集"这个话题,孩子们展开了一次大采访:"你最喜欢收集的是什么?为什么?""爸爸妈妈最喜欢收集什么?从什么时候开始收集的?为什么要收集呢?"

收集完孩子们的采访记录后,我们一起探讨:"究竟什么是收集?"孩子们达成共识,原来有一定特征的、有一段经历或故事的、对我们来说很有价值的东西,我们把它留下来,放在一起,展示出来,收藏起来,这就是收集。我们又一起看了动画《酷比的博物馆》,动画中的酷比喜欢收集东西,但所有的箱子都被装满了!该怎么办?在奶奶的建议下,他把所有的收藏品都陈列出来,开办了森林中的第一个博物馆!借助幼儿最喜欢的动画,让他在观看、理解的过程中,建立起收集与博物馆之间的联系。

我们发现除了博物馆,前期能引发孩子兴趣的绘本也很重要。《奇奇妙妙博物馆》让我们感受到了博物馆的有趣;《收集东·收集西》让我们不禁感叹每一个展品背后的价值无穷,也让孩子们了解人们为什么要去收集东西,博物馆又为什么要收集;《酷比的博物馆》生动的画面让孩子们了解了博物馆是如何布置的,理解了收集这件事情是非常有意义的,也从而明白了博物馆成立早期的意义与价值。

2. 引发兴趣

当我们聊一些和自然有关的话题时,孩子们产生了各种各样的问题,如:"猛犸象和大象有什么区别?""恐龙为什么会灭绝?为什么有的恐龙这么大,有的恐龙这么小?""真的恐龙身上有毛吗?""为什么森林里有这么多的声音?声音是从哪里来的?""这是花,怎么可能是昆虫?""臭鼬为什么放臭屁?""它们是真的蝴蝶吗?"带着问题,孩子们在自然博物馆之旅中寻找答案。

3. 打卡小任务

　　孩子和爸爸妈妈共同走进自然博物馆,参观结束后,孩子们在"博物馆奇遇记"分享会上积极表达自己的想法与经历。听完孩子们的分享,我们用思维导图的方式梳理了孩子的探究过程,同时聚焦了几个孩子们都特别感兴趣的话题,例如"我最喜欢的恐龙":"如果我是恐龙世界里的一只恐龙,我会发现什么?""我也想挖挖恐龙化石。"就着孩子们感兴趣的话题,我们进一步开展了关于恐龙的博物探究活动。

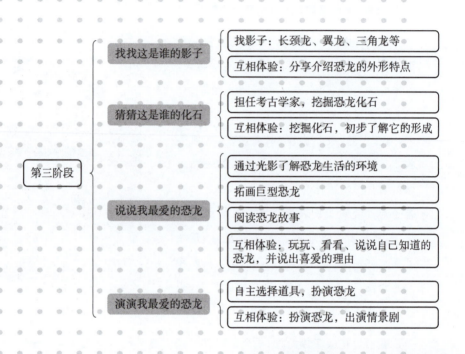

　　孩子们原本就有不少关于恐龙的知识和经验,他们和同伴一边玩恐龙玩具一边聊天过程中,常常能说出许多恐龙的名字。孩子们常常沉迷于和小伙伴比赛谁的恐龙更厉害,模仿恐龙在大草原上发出吼叫声的游戏,可见他们多么崇拜和喜爱恐龙。在"猜猜这是谁的化石"活动中,教师为幼儿提供了很多挖掘、考古玩具,将恐龙化石部件藏在其中,孩子们成了小小考古学家,用考古工具将恐龙化石挖出来,并且再次拼搭,组成恐龙的一刹那他们开心地大叫:

"霸王龙！霸王龙！我挖到了霸王龙。"孩子们在体验考古的过程中了解到了恐龙化石是恐龙死后变成骨头被掩埋在土壤里，经过漫长的时间后变成化石，现在被人们收集起来放在博物馆中展览。孩子们在观看、画画、讲述的体验过程中，对恐龙有了更多了解。于是，在老师的帮助下，孩子们决定扮演自己喜欢的恐龙，亲自走进恐龙的世界。

孩子们虽然从未见过真实的恐龙，但恐龙就是有一种魅力吸引着不同年龄段的孩子。在对恐龙兴趣的驱动下，孩子们走进自然博物馆，利用博物资源展开恐龙大调查，开启了自己的探究之旅。他们通过表演、讲故事、角色扮演的方式表达自己对恐龙的喜爱与理解，这种方式非常适合前书写阶段的幼儿在参观博物馆之后，对参观内容与理解感受进行输出。在博物馆游览中，孩子们睁大眼睛，用心体会，感受大自然的奇妙与神秘，这是属于儿童的好奇、发现、提问、探究。

在打卡日中，我们发现无论是小组式的个别化学习，还是基于不同年龄段思维发展阶段的探索，孩子们都展现出惊人的自我驱动力。他们自发地制订计划、实施计划，面对问题时能够深入思考事物或问题间的关系，并积极讨论解决方法，明确所面临的困难。在交流协商中，他们共同制定方案，努力解决问题。

打卡日不仅为孩子们提供了探索世界的宝贵机会，也是教师深入孩子内心"小世界"的契机。教师在这一过程中观察意识的培养和观察分析能力的增强尤为关键。每次打卡日结束后，我们都可以即时组织起一系列的教研活动，如随机教研、主题式教研，让教师在滚动衔接式的教研内容中持续、深入地挖掘孩子探索行为背后的意义。作为教师，我们并不急于追求即时的成果，而是更加关注教师专业理念的转变。分析儿童行为，考验的是教师的解读能力；支持儿童发展，体现的是教师的智慧判断。在启蒙博物意识的过程中，我们更能看到教师的课程领导力在不断增强。通过打卡日这样的活动，我们不仅促进了孩子的成长，也推动了教师的专业发展，实现了教学相长的美好愿景。

二、分享日：日常分享，萌发博物意识

在分享日，幼儿通过"博物分享会"活动积极参与幼儿园的每一处环境创造、探究交流、课程创建、经验创生和师生共建，以了解、打造、调整"万里城儿童博物馆的 99 件事"——在幼儿园的博物馆里进行的体验。再通过"博物秘密我来说"活动，将博物馆的"输入"经验在幼儿园的儿童博物馆课程环境中进行"输出"。

（一）博物分享会：了解藏品背后的故事，萌发博物意识

在博物分享会中，我们感受到生活中的每一个心动时刻都有其独特的意义，成人世界如此，孩子的世界更是如此。在分享日中，我们给予充分的空间和充足的时间，让他们在幼儿园的博物馆内自由玩耍和探索。随着探索的深入，有趣的话题、问题和互动就自然而然地产生。孩子们在博物馆里的活动越来越多样化，他们的博物意识也不断强化。

随着博物分享会的展开，我们的儿童博物馆逐渐累积了属于我们自己的"99个走过春夏秋冬的故事"。

万里城儿童博物馆里的 99 件事

大班	中班	小班
1. 体验一个弄堂游戏	1. 发现波点图案装饰方法的多样	1. 分享介绍班级的好奇柜
2. 画一张明信片放到邮筒里	2. 在秘密的大森林里寻找惊喜	2. 为你最喜欢的地方投票
3. 听听朋友的发现	3. 观察不同绘画工具的独特用途	3. 触摸植物墙
4. 自己晾一件衣服	4. 观察蚂蚁工坊的有趣现象	4. 与植物墙合影
5. 摁一摁自行车铃	5. 扫描二维码了解植物知识	5. 佩戴生日帽庆祝生日
6. 学着说上海话儿歌	6. 记录大蒜生长的观察日志	6. 闻闻树叶的香味
7. 自己放一部电影	7. 为小树和小花装扮	7. 与好友试穿新衣
8. 自由拼搭植物角的积木	8. 学习不同画家的画画风格	8. 踩踏树叶听声音
9. 家园栏里有自己画的小动物	9. 搭海狮顶球的表演舞台	9. 摸索树叶的纹理
10. 玩具卡片好奇柜打开童心世界	10. 尝试在平衡木上抛接球	10. 举行干杯仪式，庆祝友谊
11. 制作科探室的广告牌	11. 在实验室观察豆子发芽	11. 与公主角色合影
12. 画一画未来的灯会是什么样的	12. 构建一个儿童乐园	12. 使用手偶玩游戏
13. 体验星空灯的奇妙光影	13. 观察彩片在阳光下产生的倒影	13. 展示我们的好奇柜
14. 尝试摆放灯的位置，探索无影灯工作的原理	14. 探索波点在衣服上的运用	14. 抚摸大型恐龙模型
15. 拍拍看看，补光灯下拍摄的照片	15. 玩具卡片好奇柜中的童心世界	15. 触摸动物皮毛样品
16. 在暗房中将各种灯进行投放	16. 体验西餐礼仪文化	16. 了解斑马纹的作用
17. 设计不同灯的光影景象	17. 研究颜色组合的效果	17. 扮演成蝴蝶的样子
18. 了解香薰蜡烛的制作步骤	18. 参观"冰箱贴"好奇柜	18. 聆听点读笔的内容
		19. 画出你最喜欢的自然博物馆场景

大班	中班	小班
19. 阅读关于火的起源的绘本	19. 收集各式贴纸	20. 拍手观察头顶五彩灯光的变化
20. 想象并画出故事情节的发展	20. 探索盲盒的奇趣世界	21. 倾听动物的声音
21. 认识老上海传统的弄堂灯具	21. 学习制作胶画并装饰窗户	22. 讨论我们最喜爱的博物馆展览
22. 比较自己家的灯和老式灯的不同	22. 玩耍跳舞的小人模型	23. 观察蝴蝶翅膀的花纹
23. 看一看大中国的视频	23. 设计个人的营养菜单	24. 用手感觉隐藏在幕布后的动物，猜猜它是什么
24. 看看听听，体验并感受春天的习俗	24. 探讨地铁是如何运行的	25. 选择一个喜欢的好奇柜进行探索
25. 捏一捏，搓一搓糖葫芦	25. M50画作的独特之处	26. 打开盲盒抽取任务并尝试完成
26. 猜花灯，品月饼，体验中秋的节日氛围	26. 探索光影的奇妙效果	27. 与你最喜欢的动物模型合影
27. 制作纸粽子，体验端午节的乐趣	27. 绘制马路边的建筑	28. 搜寻动物标本
28. 划龙舟，体验夏天传统节日的快乐	28. 用刷子给墙面涂上美丽的颜色	29. 在森林中寻找动物影子，点亮周围的灯光
29. 看视频了解春节的习俗	29. 查看我们打卡的涂鸦墙	30. 寻找藏在植物间的小动物
30. 玩玩学学传统的民间游戏	30. 一起成为小小设计师	31. 观察橱窗中的小型植物
31. 看一看大中国的照片	31. 共同投票选出广告设计图	32. 寻找你的动物朋友
32. 体验一项中国习俗	32. 为每个教室设计特色铭牌	33. 一起玩石头游戏
33. 收集一张自己最喜欢的纸，和朋友一起办展览	33. 在某处教学楼举办一场音乐会	

以上是发生在万里城儿童博物馆里的99件事，但远不止这99件，还有更多的可能性等待我们去发掘。作为教师，应随时记录这些有趣的故事，养成反思复盘的习惯，这可以让我们更进一步地了解孩子的小世界。

孩子们经常会在不经意间发现属于自己的宝藏，并谈论他们最感兴趣的话题。而在这些背后隐藏着许多有趣且有意义的小故事。在博物分享会上，孩子们把这些小小的藏品展示出来供大家观赏，并分享藏品背后的故事。这成了幼儿园里一件让孩子们感到十分愉快的事情，我们将其命名为"我那独一无二的收藏"。

当教师注意到幼儿的收藏行为时，应该仔细观察，耐心聆听，可以采取以下措施：

■ 用欣赏的眼光与之交流，鼓励他们的行为。

■ 提出好奇的问题，挖掘他们内心的想法，了解收藏的初衷，并鼓励继续探索。

■ 提供后续的支持，一同参与探究，充分利用师生及生生之间互动的方式。

■ 为他们提供一个小型的博物角来放置他们的收藏品,并与全园的同伴们一起分享。

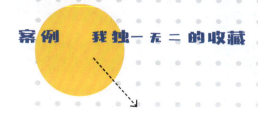

案例　我独一无二的收藏

藏品信息	教师分析
藏品名称:闪着光的蓝色果实 收藏时间:2024.3 收藏人:大一班王艺芸 	记录:一天清晨,莫尼卡拿着一盘蓝色的果实走进幼儿园。这是她最近在万里公园发现的"新事物"。她小心翼翼地端着这盘果子,呵护着它走进班级,并告诉小伙伴们这是她在万里公园发现的。于是,更多的孩子走进万里公园,开始寻找这种美丽的果实。他们互相讨论:"这个果子为什么是蓝色的呢?""它叫什么名字?""太漂亮了,好像一颗宝石。" 思考:幼儿能够用他们的眼睛发现周围的事物,当对某一事物特别感兴趣时,他们会不断地寻找、收集、研究。他们想要把自己的发现带回家,分享给更多的人知晓,或者是把它藏起来。孩子们在发现事物的过程中能够静心欣赏。莫尼卡把果子带回幼儿园,这便是属于她的收藏行为。她与其他小伙伴围在一起讨论、研究"果子的名称是什么""果子为什么是蓝色的"等问题,这就是对事物深入探究的过程。可见,孩子的博物意识就萌发在生活的点点滴滴中。

藏品信息	教师分析
藏品名称:我对小霸王游戏机的想象 收藏时间:2022.10 收藏人:大五班童若一 	记录:在幼儿园的玩具博物馆里,偶然发现了父母小时候玩的小霸王游戏机,孩子们对这个有许多按钮却不知用途的小机器产生了好奇。找到它的主人后,大家才得知这是一台游戏机,还是爸爸妈妈小时候的玩具。于是,我们邀请了孩子的父母入园来讲述这台游戏机可以玩什么游戏。"超级玛丽""坦克大战"等游戏引起了孩子们的热议。他们开始讨论,既然不能玩电子游戏,我们就自己设计游戏,在幼儿园里进行。于是,我们设计并上演了一场充满童趣的表演《超级玛丽大战幼儿园》。

藏品信息	教师分析
	思考:这个过程体现了幼儿在广泛关注中发现自己感兴趣的内容,并进行深入观察与探究,最终在此基础上发散思维,设计出属于孩子们自己的游戏活动。

藏品信息	教师分析
藏品名称:好看的波点裙子 收藏时间:2021.9 收藏人:中五班曹品琪 	记录:本次活动源于"周围的人"主题学习,在探讨"布艺文化"时,孩子们对布料上的花纹产生了兴趣。于是开始收集各种布制品。有的小朋友带来了米奇裙子,上面布满了漂亮的波点。有的说:"我带来的袜子也是一圈圈的,跟你的很像。"还有的说:"我的和你们不一样,是丝绸做的,也有花纹。"教师回应:"你们带来的布料和上面的花纹各不相同。你们知道这是什么艺术吗?"孩子们不知道如何用语言表达,只能说是很漂亮的东西。教师又说:"我告诉你们,这些圆圈是由一位聪明的老奶奶发明的,她的名字叫草间弥生。"坤坤问:"草间弥生是谁?名字怎么这么奇怪?"一系列问题引发了孩子们的思考…… 思考:通过家园互动,孩子们与爸爸妈妈一起收集了家中各种材质的布料,并在假期一同前往纺织博物馆,了解布的历史,欣赏各式各样的布料及观察加工生产流程。在这个过程中,孩子们不仅了解了布是如何织成的,图案是如何印制的,还对花纹进行了深入研究。通过网上查阅资料和阅读艺术绘本,孩子们了解到波点的艺术性,以及波点可以通过不同形式表现。 家园社三方的积极互动为幼儿提供了更多探究的资源和空间,他们在不知不觉中了解了各种物品背后的故事,更深入的探究则需要我们带领幼儿多观察、多交流、多实践、多倾听。

（二）博物秘密我来说:叙述参观后的故事,践行理解博物

教师为幼儿从博物馆归来后的交流、分享和探究提供空间,尝试基于真实的问题,利用探究思维引导幼儿将多元的探究生活经历,在主题活动中进行表达。教师鼓励并支持孩子们积极提问,并发现他们有意义的思考。有意义的思考会产生一个个问题的"冒泡",带着问题或任务驱动,而不是停留在简单地看一看、摸一摸、闻一闻等感官认知上,针对问题探究多种获得答案的路径,经历探索而获得丰富的直接活动经验。生活是需要体验的,因为体验是成长的每一步骤,"可迁移"的知识才能培养"心智自由"的人。

小班案例　博物秘密我来说——我想为斑马造个家

（案例提供者：罗欣）

在小班上学期"学本领"主题学习过程中,幼儿积累了关于"动物本领"的初步探究和知识,其中包含动物如何保护自己的好办法。为了贯彻学习的持续性和对知识进一步的探究性,在下学期主题"动物花花衣"的学习过程中开展小组式活动探究,让幼儿初步了解常见动物的外形特征以及不同皮毛的颜色,懂得动物可以用保护色、外形特征以及躲藏的方法来保证自己的安全。经过对上海动物园、上海自然博物馆的家庭打卡活动,以及对纪录片、动物科普图书的观看与阅读,我们共同开启了"如何为动物造一个安全的家?"的探究活动。

第一阶段:斑马的家,心灵的构想

参观完动物园后,孩子们对动物居住地产生了浓厚的兴趣,回到幼儿园就开始激烈讨论"如何为小动物设计一个安全的家"。洋洋、辰辰和杰杰是好朋友,他们共同喜欢的动物是斑马。洋洋说:"我要给斑马设计一个家,上面有黑白色的条纹,房子很结实,旁边还有一棵大树。"辰辰说:"斑马比较高大,所以我画的房子很高,门也很高大,方便斑马进出。我还画了窗户,方便斑马看看风景。斑马是黑白条纹的,所以房子也是黑白条纹搭配的。"杰杰说:"斑马可以躲在围栏里,大家在一起,旁边有树叶,这样就很安全。"

孩子们为自己的构想绘制设计图并展示在教室里,与同伴共享。这次展示不仅让孩子们的作品得到了认可,也为他们带来了进一步思考的机会。"斑马喜欢生活在什么样的地方呢?"教师的问题引发了孩子们的好奇。于是孩子又和爸爸妈妈一起走进了上海自然博物馆。在博物馆的互动区,他们见到了的斑马标本与其栖息地的模拟环境,更直观地理解了斑马的身体结构与生活环境的关联。

回顾分析:

1. 基于小班幼儿的认知特点及情感需要,提出驱动性问题"如何为小动物造一个安全的家?",将幼儿关心动物、喜爱动物的情感融入活动中。

2. 在亲子参观后,孩子们开始理解斑马的黑白条纹并非仅仅是为了美观,而是自然选择的结果,具有伪装和调节体温的作用。辰辰对高大门洞的理解也得到了深化,他意识到斑马的高大身躯和大眼睛可能与草原生存环境中的警觉性有关。杰杰则被围栏与丛林生态的关联所吸引,他发现斑马群居的生活方式,围栏的概念实际上是对动物社会行为的模拟。

下一步计划:

设计图展览大大激发了孩子们的自豪感,博物馆之旅又使他们萌发了对自然的热爱,并意识到设计不仅需要美感,更需要对自然的理解和尊重。同时教师也在思考:需不需要将生态学元素融入进去呢? 答案是否定的,基于小班幼儿的年龄特点,他们的探究不仅限于今天,如今对斑马的喜爱会在将来成为他们对生态学进一步感兴趣的催化剂。这次经历无疑也会在他们心中埋下对自然世界更深探索的种子。

第二阶段:合作的火花,开始搭建

洋洋、辰辰、杰杰三位"小斑马"设计师和爸爸妈妈一起完成了自己的设计图后,把图纸带到幼儿园,老师鼓励他们将想法转化为现实。洋洋拿起滚筒,开始在纸箱上涂色,却在不经意间忘记了自己的初衷。辰辰使用白泡沫垫和纸箱搭建斑马的家,白泡沫垫两块相叠,互相支撑,变成了一个屋顶,底下是并拢放在一起的箱子。杰杰则在材料库里找到了纸质栅栏,他试图摆放围栏,却遇到了困难。

老师:洋洋,你在干什么?

洋洋:我在画颜料,给老虎造家。

老师:你的设计图画的是哪个动物的家?

洋洋:(停顿了一下)斑马。

老师:洋洋是不是忘记了你的设计图? 没关系,去看一看,然后想一想怎么为斑马造家?

洋洋听了老师的建议，跑到设计图展示区仔细地看了起来。

好一会儿后，老师把三个小朋友聚到一起，和他们聊了起来。

老师：三位小斑马设计师，今天你们的房子造得怎么样？

辰辰：我用纸箱造了家，用泡沫垫当了屋顶，但是只做了一点，纸箱有点大。

老师：嗯，纸箱确实是有点大，一个人可能搬不过来。

洋洋：前面我给老虎"造家"了，哈哈哈。

杰杰：我拿了围栏，斑马躲在围栏后也很安全的，可围栏总是倒下来。

老师：你们三个人能不能共同来造一个安全的家？这样斑马的家既有屋顶、窗户，也有围栏和草丛了。

孩子们开心地鼓掌同意。

老师：辰辰使用纸箱，杰杰使用围栏，都遇到困难了，大家觉得哪种材料更适合造家？

洋洋：我觉得围栏也是可以的，它比较小，拿起来很方便。围栏上可以贴上黑白条纹，和斑马身体的条纹很像。

老师：那我们明天活动的时候用围栏试试给斑马造家，大家觉得怎么样？

三个孩子表示赞同。

回顾分析：

在孩子们的对话中，显露出一种天然的博物意识，他们不仅关注斑马的外貌特征，还将斑马的生活习性融入设计。洋洋的创意揭示了对动物高度的考虑，辰辰的金丝线窗户则反映出对斑马视觉感知的敏感，而杰杰的小斑马模型体现了他对动物行为学的朴素理解。他们的设计不仅仅是物理空间的构建,更是对生物生存环境的模仿和尊重,这种无意识的博物认知,是儿童对自然界深度理解的初步体现。

老师则放手让原本喜欢独立操作的孩子试着合作,明确自己的任务,助推他们更好地在实际操作中积累感性经验。

下一步计划:

引导孩子们进行实地考察,参观动物园,进一步深化对斑马生活习性的理解,从而在实践中增强他们的观察力和创造力,使"斑马之家"更具生物真实性和教育意义。这不仅是深化孩子们对斑马的认知,更是拓宽他们对整个生态系统理解的广度。可以在教室中放置更多动物的模型,让孩子们对比和理解不同物种的生活习性。同时,鼓励他们亲手制作生态场景,比如模拟草原环境,进一步强化他们的空间布局和生态联系的意识。此外,引入自然博物馆专家进行互动讲解,通过问答形式引导他们探究更深层次的生物知识,如食物链、动物适应性等,将理论与实践结合,使他们的博物学习更具系统性和深度。

第三阶段:专业的力量,逐渐完善的家

洋洋、辰辰和杰杰开始选择用黑白的即时贴在围栏上粘贴,让围栏看起来和斑马身上的颜色一样。洋洋选择了块状的绿色即时贴,贴在围栏上作为树叶。老师问:"围栏有点低,斑马躲在里面安全吗?有什么材料可以用起来让它变得高一些?"洋洋回答:"围栏有点低,斑马会被看见的,可以把围栏放在椅子上面去,这样就可以变得更高。"

辰辰正在用剪刀剪下金丝线,用玻璃胶将金线贴在围栏上。他说:"我想用金线和玻璃胶做个窗户,但是好像有点不太合适。"

杰杰搬来了小斑马模型,说:"斑马都在一起时,身上的斑纹会在太阳底下反光,也会让狮子分不清头和脚,就会很安全。"

洋洋把围栏围成了三角形,边做边说:"围栏要围紧一点,这样才会安全。"

辰辰说:"围栏外面的黑白条纹还有很多没有贴好,我们下次要多贴一些上去。"

孩子们在老师的建议下,继续完善他们的斑马之家。他们用即时贴在围栏贴上更多黑白条纹,洋洋甚至用绿色即时贴模拟树叶,为围栏增加了一抹生动的色彩。辰辰和杰杰则在围栏上增加了金线,尽管他们发现这并不适合作为窗户,但他们的尝试仍然值得鼓励。

慢慢地,斑马的家大功告成,我们邀请自然博物馆的邓老师进行了专业的点评,并与孩子们开展了一堂生动的"黑白条纹的斑马"活动,让幼儿进一步理解了斑马的生活环境和它身上黑白条纹形成的原因。

最终,在孩子们的共同努力下,"斑马之家"完成了。它的设计融合了三个孩子的想法,既有洋洋的树叶装饰,也有辰辰的高门洞,还有杰杰的安全围栏。孩子们为斑马建造的不仅仅是一个家,更是一个充满爱和友谊的温暖空间。

回顾分析:

这个故事不仅仅是关于为斑马设计家,它还讲述了孩子们如何在探索中学习,如何在合作中成长。通过这个项目,孩子们学会了如何关心他人,如何表达自己的想法,并认识到团队合作的力量。

总结整个活动过程,教师应该注意以下内容:

从幼儿兴趣出发,进行深入探究:在每天的一日生活中,有意识地结合幼儿的兴趣与博物馆教育资源,利用博物馆丰富的文化和科学资源,来激发幼儿对知识的好奇心和探索欲。通过与博物馆中的展品和展览互动,引发幼儿发现和探究他们感兴趣的主题,这次的恐龙主题就是如此。

充分利用家长资源,共同参与活动:鼓励家长参与博物馆教育活动,成为幼儿学习过程中的合作伙伴。家长可以分享自己的专业知识和经验,与幼儿一起探索博物馆中的主题,这不仅增进亲子关系,还能丰富幼儿的学习内容。

敏锐捕捉亮点,持续深入新探究:关注在项目进行过程中出现的新亮点,引发深入持续的学习。通过将博物馆作为一个项目式学习的场所,设计基于探究的学习项目,让幼儿在实践活动中学习和成长。这些项目围绕博物馆特定的展览或主题展开,鼓励幼儿提出问题、进行研究,并展示他们的发现。

中班案例　博物秘密我来说——搬进幼儿园的涂鸦墙

(案例提供者:史雯)

进入"我在马路边"的主题学习,孩子们对马路边的事物十分感兴趣。老师抓住契机展开调查:"你对马路边的什么感兴趣?为什么?"在共同探访莫干山路 M50 创意园后,孩子们填写了调查问卷。老师发现孩子们对马路边的围墙兴趣十足。在幼儿园里有这样五彩斑斓的围墙吗?于是,在"我心目中的幼儿园是怎样的?"这一问题的驱动下,孩子们用自己的方式画出了心目中幼儿园的样子,画里有亲切的老师、大大的操场,还有好玩的滑梯、五颜六色的围墙。老师和孩子一起准备用涂鸦的方式把幼儿园打扮得五颜六色,"涂鸦墙"项目由此展开。

第一阶段:墙面上的诗

活动一:看绘本,了解什么是涂鸦

孩子们对《艺术大书》《涂鸦大厨》等图书爱不释手,从中他们了解到涂鸦是很有趣的事情,可以用自己喜欢的颜色和图案在墙上进行创作。为了让家长陪伴孩子一起参与涂鸦活动,老师将书中内容拍摄下来并在家长群里发送和科普。同时,爸爸妈妈也及时地询问孩子看完书后喜欢的图案和颜色是什么,主动在群里进行反馈。这为孩子们的"涂鸦墙"活动打开了思路。

活动二:实地打卡——M50 创意园区

看到孩子们对于涂鸦的热情如此高涨,老师在充分调研了相关资源后,在家长会上提出可以在双休日带领孩子们去 M50 创意园区进行实地打卡(或者家长带孩子去自己喜欢的艺术场馆或涂鸦街头打卡),从而让孩子们身临其境地感受涂鸦的震撼和魅力。

孩子们的打卡小任务是与自己最喜欢的一面涂鸦墙合影,并将照片带到幼儿园展示交流。

幼儿1:我看到墙上全都是很好看的图案,太漂亮了。

幼儿2:我也是,还和它们拍照发给老师了。

幼儿3:墙上有很多好看的颜色,混在一起真美,我也想画了。

幼儿4:我还遇到了我的朋友,我们一起在喜欢的墙面前合影留念。

活动三:前期准备——涂鸦需要准备些什么

打卡涂鸦墙之后,孩子们的积极性更高了。那么在玩涂鸦之前需要准备些什么呢?孩子们的已有经验只限于画笔和颜料。于是老师和孩子一起展开讨论,边观看涂鸦视频,边记录涂鸦之前需要准备的物料,发现需要喷漆、梯子、口罩、防尘衣,对着装也有一定要求。根据搜集到的资料,结合自己的想法,师幼一起收集各种涂鸦需要的材料。

确定驱动性问题:我心目中的幼儿园是怎样的?

回顾分析:

基于主题背景引发的兴趣,孩子们开始关注到"涂鸦"这一有趣的现象。在活动之初,孩子们通过绘本等方式对涂鸦进行了广泛关注,加强了对"涂鸦"的理解。接着,我们通过信息平台发动家长和孩子们一起看书中的涂鸦图片,仔细观察涂鸦的表现形式。之后,提议家长带领幼儿在节假日去 M50 的涂鸦墙打卡,欣赏各种各样美丽的涂鸦,并拍照做好资料收集工作。最后,通过观看纪录片、查阅书籍资料,精心准备涂鸦活动所需的各种材料,师生一起商量收集完成前期准备工作。

孩子们对于涂鸦的概念原本只停留在用画笔在墙上画画,老师不断采用欣赏、尝试、操作、艺术启发、互动交流等多种方式让幼儿了解涂鸦真正的含义以及如何才能一起完成一幅完整的涂鸦墙,以便于后续进一步的探究学习。

采访调查表、线上线下博物馆打卡、查阅资料、涂鸦作品赏析等活动形式,都促进了幼儿博物意识的发展。在这个探究过程中,孩子们逐渐地了解了"涂鸦",在参观 M50 的活动中,孩子们也发现了自己心中最喜欢的图案和颜色是什么,增加了对涂鸦的了解,为后续项目的研究做了一个很好的经验准备。

第二阶段:灵感大碰撞

活动一:自由讨论和设计

场所	教室
材料	1. 长卷纸 2. 毛笔、海绵、盘子、刷子、各种颜色的颜料等
玩法	讨论和设计涂鸦草图
观察重点	幼儿如何思考涂鸦的内容

西西:我去过 M50 打卡,我想画那里的狮子。

轩轩:是啊,我也喜欢那里。

老师:为什么最喜欢那里的狮子呢?

依依:因为它是粉红色的,很好看,我喜欢粉红色。

老师:那你会画狮子吗?

(孩子们摇摇头)

老师:我们可以画自己会画的或者是和自己有关系、喜欢的图案,你想画什么呢?

轩轩:我非常想画太阳花,因为它代表了我们的幼儿园,我们幼儿园的标志就是一朵太阳花。

通过和孩子们交流,老师了解到孩子们在M50最喜欢的涂鸦墙是"粉色狮子",他们都很喜欢那幅画,因为很震撼。可是对中班幼儿来说,完成狮子的涂鸦墙有些困难,于是孩子们选择了画代表我们幼儿园的"太阳花",绘制幼儿园的文化墙。

活动二:合作设计涂鸦草图

场所	教室
材料	1. 长卷纸 2. 各种颜料及绘画材料等
玩法	1. 以合作的方式完成一幅涂鸦草图 2. 涂鸦内容要能突显幼儿园特色
观察重点	1. 如何通过同伴合作共同完成设计 2. 再次打卡并思考如何调整涂鸦草图

讨论1:如何集体画太阳花

老师:全班要一起画太阳花,有这么多人该怎么办呢?你有什么好办法吗?

霖霖:我们可以轮流画,这样每个小朋友都有机会画画了。

老师:你说得真好,轮流画是一个好办法。

依依:有的小朋友画形状,有的小朋友涂颜色,大家分开画,就不会很挤了。

老师:你们想的这些方法都很好。

经过讨论,孩子们认为集体创作涂鸦墙需要合理分工,可以是轮流画自己的太阳花,也可以一部分人画轮廓,一部分人涂颜色。

讨论 2：二次打卡涂鸦墙，讨论班级涂鸦墙草图

老师：你们准备好制作一个属于我们班级的涂鸦墙了吗？

孩子：准备好了。

老师：涂鸦墙上的花应该怎么画呢？

老师带领幼儿进行第二次涂鸦墙打卡。这次是线上参观，参观内容主要以花朵涂鸦墙为主，让孩子们再一次感受到涂鸦墙的美，也为孩子们创作自己的涂鸦墙积累经验。

老师：你们看到的花朵涂鸦墙是什么样的？

幼儿1：这里用了很多漂亮的颜色，我觉得特别好看。

幼儿2：有的只有一种花朵，有的有很多不同的花朵在涂鸦墙上面。

幼儿3：还有用绒线做出来的花放在涂鸦墙上，摸上去软软的。

老师：你们看得真仔细，我对我们的涂鸦墙更有信心了。

回顾分析： 在涂鸦墙的创作初期，孩子们各自为战，沉浸在自己的小世界里。他们自由地挥洒着色彩，表达着自己的想法和情感。然而，随着时间的推移，我们逐渐意识到，要创作出真正有影响力的作品，需要的不仅仅是个人的努力，更需要团队的协作和共同的愿景。老师引导孩子们认识到，每个人的画笔都是团队中不可或缺的一部分。并鼓励他们相互讨论，共同决定涂鸦墙的主题和设计。这个过程虽然充满挑战，但孩子们展现出了惊人的合作精神和创造力。

在确定主题时，我们选择了太阳花，这不仅是幼儿园的园标，也象征着孩子们积极向上的精神。为了丰富孩子们的创作灵感，老师组织了线上学习活动，让孩子们欣赏国内外优秀的花朵涂鸦作品。这些作品不仅拓宽了孩子们的视野，也激发了他们使用不同材料进行创作的想法。

在第三阶段，我们尝试了多种方法来完成涂鸦墙，鼓励孩子们分组合作，轮流绘画，以及使用不同的材料进行创作。这些实践不但锻炼了孩子们的团队协作能力，也增强了他们的艺术技能。

通过这次涂鸦墙的创作，孩子们学会了如何倾听他人的意见，如何表达自己的想法，以及如何在团队中找到自己的位置。他们学会了如何欣赏和尊重每个人的贡献，也学会了如何从失败中吸取教训，不断进步。

第三阶段：持续创作的乐趣

活动一：第一次集体绘制"太阳花"草图

在绘制开始前，老师提醒家长当天让孩子们穿上不怕弄脏的衣物来幼儿园，女生将头发扎成丸子头。老师们铺上四张大画纸，供孩子们根据"太阳花"主题进行首次草图创作。

老师：今天我们一起画了太阳花，你们觉得自己画得怎样？

幼儿1：很乱，有些小朋友画的不是太阳花。

幼儿2：颜色涂得乱七八糟，不好看。

幼儿3：我们之前看过别人的涂鸦墙，很好看，他们没用那么多不同的颜色。

老师：我们可以找找看自己喜欢的涂鸦墙上有哪些颜色。

孩子们开始查看之前拍摄的涂鸦墙照片，共同欣赏画面色彩。通过再次欣赏，孩子们对色彩有了更深刻的理解，并开始有意识地为自己将要绘制的太阳花挑选颜色。

老师：如果有些小朋友不会画太阳花该怎么办？

幼儿1：不会画的可以和会画的合作，一个负责画花，一个负责涂色，相互帮助。

幼儿2：让不会画的帮忙挤颜料，递给会画的用具。

老师：下次我们再来试试看，是否能比今天有所进步。

活动二：第二次集体绘制"太阳花"草图

这次，部分孩子先勾勒出太阳花的轮廓，其他孩子负责涂色，避免了之前的混乱场面。显然,这一次比上一次成功,孩子们兴奋地期待将草图真正画到墙上。

活动三:选择涂鸦墙的位置

"太阳花"涂鸦要画在哪里呢?老师带领孩子们巡视幼儿园,并用记录表记下观察结果。统计发现,得票最多的是幼儿园内两面闲置的墙壁。考虑到这两面墙是公共场所,不能随意涂画,需要得到允许,因此,孩子们带着观察结果去询问园长,并在她的许可下选定了"小花园"作为涂鸦地点。

回顾分析:

中五班的孩子们参与了一次集体的涂鸦墙创作活动。活动目标是让每个孩子都参与进来,共同完成一幅作品。

初始阶段:无序的探索。起初,孩子们各自为战,涂鸦墙上充满了各种无序的线条和色彩。这个阶段,孩子们在自由表达中探索自己的绘画风格。我们意识到,虽然孩子们在自由创作中找到了乐趣,但缺乏组织和规划导致作品缺乏整体性和协调性。

转变阶段:分工与合作。随着活动的深入,我们引导孩子们开始分工合作。会画的孩子承担起绘制轮廓的责任,而其他孩子则参与涂色或调颜料的工作。分工合作不仅提高了创作的效率,也让孩子们学会了如何发挥各自的优势,共同完成一个目标。

决策阶段:集体选址。孩子们在巡视幼儿园后,集体讨论并决定了涂鸦墙的最佳位置。这一过程体现了孩子们的自主性和参与感。集体决策的过程教会了孩子们如何倾听他人的意见,如何表达自己的观点,并最终达成共识。

成果阶段:期待与自豪。随着涂鸦墙的即将完成,孩子们对即将呈现的成果充满了期待和自豪。孩子们的期待和自豪感来源于他们对作品的投入和对团队合作成果的认可。

通过这次集体创作活动,孩子们在艺术创作上取得了进步,这不仅锻炼了他们的绘画技能,也与博物馆教育中对艺术欣赏和创作能力的培养相契合。博物馆通常展示艺术作品,鼓励参观者欣赏并学习艺术,而孩子们在涂鸦墙上的创作,正是这种艺术实践的体现。孩子们学会了合作、沟通和决策,这些技能在博物馆教育中同样重要。博物馆经常举办各种活动,如工作坊、讲座和互动展览,鼓励参观者之间的交流与合作。通过这些活动,孩子们学会了如何与他人协作,共同完成一个目标,这是博物馆教育中社会参与和团队合作精神的体现。这次活动让我们认识到,引导孩子们从无序到有序,从个人到集体,是教育过程中的重要一环。通过案例反思的方式,我们回顾了孩子们在涂鸦墙创作过程中的每一步,并深入思考了每个阶段的教育意义和孩子们的成长收获。这种反思与博物馆教育中的实践学习相似，深入理解文化和艺术。这次经历将成为孩子们美好回忆的一部分，也是他们成长道路上的重要节点。

同时，也发现班级中幼儿的绘画能力有所不同，那些能力较弱的幼儿无法直接参与到创作中，需要考虑如何让这一部分幼儿能够在涂鸦墙中展现出自己的创作。

第四阶段：涂鸦艺术盛典

活动一：共同绘制涂鸦墙

根据之前幼儿共同商定的涂鸦材料、选址、内容以及人员分工，我们正式进入涂鸦阶段。墙面不是很大，但是比较高，孩子们决定分两批进行涂鸦。第一批幼儿准好着装，带好工具和材料，来到涂鸦墙前进行太阳花轮廓的绘制。保育员和两位老师做后勤保育工作。幼儿完成后将自己的手指印在墙面的角落作为签名。隔天，第二批幼儿来到涂鸦墙前面进行上色，完成后也在相同地方用手指签名。至此，涂鸦墙完成，每天全国孩子走过路过，都会看到这一片由孩子们自制的涂鸦墙，这着实成了在幼儿园独有的一道风景线。

活动二：中五班"太阳花涂鸦墙"正式亮相

这一面象征中五班、象征幼儿园的太阳花涂鸦墙已经全部绘制完成，教师带领幼儿和涂鸦墙合影再制作成相框挂在墙旁。其他班级幼儿和老师也一起来打卡欣赏。我们在家长群中对此次活动进行简单梳理和总结，以照片和视频的形式让家长在第一时间欣赏孩子们的作品。

总结整个活动过程,教师应该注意以下内容:

聆听幼儿想法,尊重儿童视角:在开展"我在马路边"主题的涂鸦墙活动时,教师首先从幼儿的田野调查中收集了他们的兴趣点和有价值的想法。教师重视孩子们产生的直白想法,并以此为出发点,设计活动内容。这体现了对儿童视角的重视,鼓励孩子们表达自己的观点,并将其纳入教育活动的设计中。

探究幼儿兴趣,深化博物教育内容:教师深入探究孩子们感兴趣的点,以此为基础开展博物教育内容。博物馆教育注重通过展览和活动激发参观者的兴趣,引导他们进行深入的探索和学习。在涂鸦墙活动中,我们鼓励孩子们围绕他们感兴趣的话题进行创作,这不仅激发了他们的创造力,也加深了他们对周围世界的认识和理解。

信任幼儿能力,支持幼儿自主学习:教师相信孩子们是有能力的学习者,并在活动中给予他们必要的支持,帮助孩子们在各个阶段实现自己的想法和满足自己的需求。这种支持让孩子们能够在教师、同伴和家长的共同帮助下,自主地进行探究学习,克服困难和迎接挑战。

基于经验,分阶段实施活动内容:整个活动的开展基于幼儿的兴趣和经验,我们将其划分为几个阶段,设计了分阶段的活动计划,确保孩子在每个阶段都有所收获和发展。

促进全面发展,实现教育目标:在涂鸦墙活动中,我们不仅关注孩子们的艺术创作能力,还注重培养他们的团队合作、沟通协调和批判性思维等综合能力。

大 班 案 例　　博物秘密我来说——孩子们的管道梦想

(案例提供者:谢珏)

进入大班后,班级开始了主题活动"我们的城市"。结合博物馆课程,孩子们前往上海历史陈列馆进行打卡。小柚子、小馨、小石榴对上海中心、环球金融中心、金茂大厦、东方明珠等摩天大楼很感兴趣,凡凡对自带地暖、恒温恒湿、冬暖夏凉的科技住宅十分感兴趣。孩子们为科技水平发展带给我们方便、舒适的生活而骄傲和自豪。

但是,日新月异的城市建设是如何建成的呢?科技住宅又是如何建造出来的呢?这些科技通过什么方式走进我们的千家万户?带着这些疑问,我们阅读了科普绘本,如《揭秘城市》《揭秘地下》《水上水下》等,还找来了身为上海工程技术大学讲师的道道爸爸、工作于上海申通地铁集团建设的道道妈妈等家长资源进行深入挖掘。最后,经过大家的讨论和投票,"为房子设计合适的管道"受到大部分孩子的欢迎,个别化学习活动的驱动性问题应运而生:如何为我们的房子设计有用的管道?

第一阶段:城市探秘记

带着对上海"衣、食、住、行"的好奇,孩子们走进了上海历史陈列馆,开始了他们的城市探秘之旅。道道带着对城市脉络的问题,用他独特的视角记录下了所见所感。他用符号和绘画的方式,将上海的地上与地下城的特色分类记录,然后带到幼儿园,尝试用完整的语言与同伴交流介绍。

关于参观上海城市历史发展陈列馆的田野调查

老师的问题	我的发现与记录 (绘画或照片)	参观后的想法 (附照片)
1.在城市历史发展陈列馆里,你看到了什么?(老建筑、新建筑……)		
2.最吸引你的是什么?		我看到了很多以前没见过、没注意过的建筑,原来以前的上海是这样的。我好奇城市下面有东西吗?

回顾分析:

1. 孩子们的好奇心很强,对打卡活动表现出了浓厚的兴趣,他们的问题层出不穷,这不仅显示了大班孩子对生活细节的敏锐观察力,也反映了他们对周围世界的深刻理解。例如,道道对上海的地上与地下城的好奇,促使他深入探索并尝试以自己的语言向他人传达。

2. 在参观过程中,孩子们的问题逐渐从表面现象转向更深层次的探究。他们不再满足于简单的描述,而是开始思考城市的运作原理,如"上海的地下城市是如何运转的?"这样的问题,显示了孩子们渴望从专业角度获得知识。

比如孩子抛出了一系列问题:上海的地上城市如此丰富多彩,那么上海的地下城市又是怎么样的呢？地上城有哪些东西呢？地下城又是怎么运转的呢？这些问题无法从非专业的角度去解答，需要家长和孩子到网上搜索大量的资料和信息，从专业的角度来解答。

下一步计划：

1. 查阅书籍、检索网络信息。

2. 利用家长资源，进行专业解答。

我们班级有家长来自隧道股份有限公司、申通地铁有限公司，还有上海工程技术大学教师等资源，我们请他们提供一些PPT、图片、资料来解答孩子们的问题。另外，还和家长一起准备了《揭秘城市》《地下》等科普类图书，它们以图文并茂的形式，直观地展示出地下城市的秘密，是非常好的图书资源。

第二阶段：小小设计师的管道探秘之旅

在孩子们眼中，管道不再是简单的建筑元素，而是城市生活运转的神秘脉络。道道通过博物馆打卡、视频和图片观摩以及与同伴的分享，逐渐揭开了管道的秘密。他提出的设想："如果我是小小设计师，如何为你的家设计科学有用的管道？"这激发了孩子们对管道的兴趣，也引发了他们对设计和实用性的深入思考。小柚子问："管道是怎样在房子里安装的？"萌萌问："一幢房子需要多少管道呢？如果管道少了，我们的水会不会不够用？"奇奇问："水管有冷水和热水分开的管道吗？是分开的还是单独的？"这些问题涉及方方面面，孩子们通过查阅书籍和网络资源，逐渐找到了答案。

回顾分析：

通过阅读书籍、观看视频和浏览图片，孩子对管道的种类、功能和安装有了全面的了解。这显示他们在面对大量信息时，能够有目的地筛选和整理，表现出较强的信息处理能力。

下一步计划：

1. 实地考察：家长带孩子参观房屋、建筑、公共场所，让孩子们亲身体验管道在生活中的应用。

2. 大胆设计：在教室中提供开放的环境和材料，如笔、纸、小黑板，鼓励孩子们大胆设计，将他们的思考转化为具体的设计方案。

3. 解决问题：针对孩子们提出的问题，如管道的安装、数量、功能区分等，通过实际操作和小组讨论寻找解决方案。

第三阶段：小小建筑师的创意管道工坊

听说可以自己为房子设计管道，孩子们乐坏了。话音未落，小柚子就列出了需要的材料，比如积木水管可以用来搭建管道路线图，优优说牛奶盒和纸芯筒可以用来搭建房间，凡凡提议用不同颜色的吸管搭建水管，以区分冷热管……

孩子们开始了自己的小计划，画下制作管道所需的材料，然后有条不紊地准备起来。"老师，能给我们两个牛奶盒吗？"道道问。"哪里需要？"我问。"我要搭建房子，用盒子方便，可以搭大一些的房子。"老师帮忙找来了牛奶盒子。优优说："我们需要各种水管，小馨，你帮我去拿一下。"就这样，管道的设计图纸诞生了。

回顾分析：

看了这么多视频和书籍资料，孩子们形成了自己的想法，并着手开始设计。从幼儿的表征可见，孩子对于电路、水路、煤气管道的了解已从源头延伸到生活中应用，显示出他们前期了解扎实且丰富,对本质问题掌握得也比较全面。一些孩子甚至设计了别墅房的管道,将管道与生活的运用联系起来,有的还用颜色区分了管道,红色代表热水,蓝色代表冷水等。

然而,孩子们设计的管道图纸终究是纸上谈兵,未落实实践操作,缺乏更深度的实际探索。

下一步计划:

1. 鼓励幼儿搭建:引导孩子们将设计图纸转化为实体作品,通过动手实践来验证并深化他们的设计。

2. 解决实际问题:在搭建过程中,教师将帮助孩子们解决实际问题,如管道连接、材料选择等,以增强他们的实际操作能力和问题解决能力。

第四阶段:小小工程师的管道挑战大 PK

随着管道设计图的初步确定,孩子们开始对照着设计图进行管道的实地搭建。在搭建过程中,优优和希希等遇到了问题。第一个问题是,管道连接接头怎么固定?小柚子说:"我们可以用胶带把它们缠起来。"凡凡说:"我看过爸爸用强力胶粘东西,我们也可以用那种胶水把管道粘起来。"另一个问题是,管道如何通向二楼?西瓜说:"我们可以做一个楼梯,让管道沿着楼梯上去,就像滑梯。"乐儿说:"用一些长木棍,做成梯子的形状,然后管道就可以爬上去了。"

在搭建过程中,优优问:"如果水管爆了怎么办?堵住了怎么办?如果楼上楼下都有人用水,大家的水流会不会变小?吸管可以当水管,中间的裂缝可以用透明胶固定贴起来……"在实践操作的过程中,孩子们积极开动自己的小脑瓜,一步一步解决碰到的问题,老师们则在一旁为孩子们"打下手",提供孩子们可能用到的材料。

回顾分析：

1. 每一小组根据自己的设计图进行搭建、实验。在搭建的过程中，孩子们遇到过很多的问题，比如管道的延伸性不强，太硬，无法到达自己想要的位置，比如在操作过程中发现材料的种类无法满足幼儿的需要，还有关于水管爆了怎么办等，我们都一一进行了调整和优化。最后小朋友设计了别墅管道，别墅的内部有淋浴室，他们为别墅的淋浴室设计了冷热水管。有的小朋友用牛奶盒设计了房子，由一个管道分出了 4 个分管道，通向不同的 4 幢房子。

2. 孩子们分别进行了管道设计，他们召开了一个管道设计发布会，邀请其他小朋友为他们设计的管道进行投票、打分、提意见。

下一步计划：

1. 实践操作：鼓励孩子们在实际操作中探索和学习，通过实践来验证和优化他们的设计。

2. 提供材料：在实践过程中，我们发现孩子们结合在上海历史陈列馆中的所见所闻，对材料的可变性意识有所增强，对于材料有一物多用、低结构材料使用频率增多，等等。下一步，我们要根据项目的开展，提供适宜的材料，能够为现场验证、现场实验提供有力的支持。

3. 问题解决：通过集体讨论和小组合作，引导孩子们共同面对解决搭建过程中遇到的问题。

总结整个活动过程,教师应该注意以下内容:

依托主题活动为背景,鼓励幼儿深入探索:从"我们的城市"主题开始延伸,孩子们实地打卡科技馆、城市历史博物馆,以亲身体验激发幼儿探索地下城市的兴趣,从而了解了我们城市的运作方式,了解城市是如何正常生活和运转的。

依托大班幼儿年龄特点,鼓励幼儿分组合作探究:大班幼儿的合作意识逐渐增强,本活动在仔细观察和动手实践的过程,让孩子们以探究小分队的形式有了相互合作交流的空间与机会。孩子们在探究中畅所欲言,与同伴积极合作,能够体验合作完成一些事情的成就感和小组荣誉感。

依托低结构材料,鼓励幼儿延伸生活经验:充分利用孩子自己收集来的牛奶盒、纸芯筒、管道、接头、透明胶等生活中常见的材料,鼓励幼儿亲身体验、实践操作,探索物体和材料之间的特性,并乐在其中,让幼儿在深入观察、动手操作的过程中发现问题,并愿意积极探究,尝试解决一些问题。

依托多元的资源利用,为幼儿的探究提供有力支持:整个活动充分利用家长资源、社会资源、信息网络现代化技术,支持幼儿探究。幼儿在利用这些资源的过程中,表现出了对信息的敏感性和对资源的有效利用能力。教师通过引导幼儿如何利用这些资源,进一步了解了他们的信息处理能力和学习策略。

三、畅游日:综合展示,交流博物成果

畅游日指基于幼儿园内博物馆的课程环境,孩子们选择自己想要探究的主题内容、博物内容,通过"走出去"或者"请进来"的方式来进行自主探究的活动。如利用社区周边资源(小学校、陶行知纪念馆、街心花园、小区、养老院等),开展一学期一次的"走出去"活动,孩子们在活动中感知文化、发布成果、练摊设营,积累博物经验;或者邀请社会(馆校合作的博物馆)、社区、家长进入幼儿园,让社会各界人士一同加入、了解、优化我园的博物课程。孩子们在一次次"请进来"和"走出去"的活动中,不断萌发博物意识。

(一) 走出去:传播博物魅力

每学期,孩子们都会用自己独特的互动形式,将自己打卡的博物馆成果带入社会视野,传播博物的魅力。有时是举办一个展,有时是进行一次互动,又或者是做一场广播,设计一个作品……在活动的过程中,孩子们不仅更深刻地理解了每个展品背后的价值,同时也将博物的意义

与价值传递给更多的人。

理想的幼儿园应该像一个儿童博物馆,孩子与老师一起在里面探索和解决问题,用喜欢的方式自由表达想法。我们的孩子在博物氛围中变身为小小的博物家,自发地形成一支博物宣传团队。在北欧的古老传说中,人的一生只要看到一道绿光,许下的愿望都会实现。因此,我们给由小小博物家组成的团队取名为"绿光队",希望我们的绿光小队也能给人们带来意想不到的美好回忆。

1. 绿光闪入"上海幼儿教育博览会",开启"万里幼光影博物馆"

在上海幼儿教育博览会,能见到活力四射的绿色"万里追梦人",以及一个由光影、幕布及神奇道具组成的博物馆,它如绿光般充满奇迹。在"光影的探索"环节中,光帮助孩子们观察不同物体的形状,促进他们的认知能力和博物意识的形成,使他们更清晰地理解世间万物的多面性。光影微妙的变化隐藏着许多不可言传的秘密,孩子作为天生的艺术家,对光影有着特别的兴趣。在这个"光与影的博物馆"里,孩子们通过玩耍学习,感受和欣赏。一起来看看光影博物馆中孩子们的作品吧。

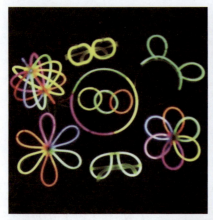

舞动小人

幼儿利用荧光棒和雨衣制作的能在黑暗中舞动的小人,体验光与黑暗相辅相成的效果。

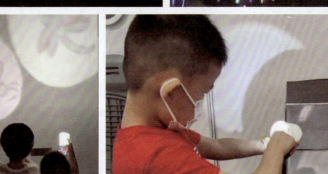

纸杯投影

幼儿在纸杯底部画上自己喜爱的小动物,在暗箱中用手电筒照射,美丽的图案便映在墙上,这是纸杯与光影之间的奥秘。

光影蝴蝶

幼儿在透明纸上绘制自己喜欢的蝴蝶图案,用这些自制的装饰布置花园,感受移动光源下蝴蝶飞舞的效果。

每个孩子心中都有一个充满问号的"博物馆",这次我们既是小小博物家也是传播博物的使者,将万里城幼儿园的博物馆课程特色带到了博览会。通过与自制展品的互动,更多的孩子和家长体验到了灯光的神秘、色彩的变化,他们在观察中探索,在欣赏中发现,激发了每个参观的孩子对光影的兴趣。

2. 绿光闪入"万里街道",开启"12亭公共艺术展"

2022年春节,为了参加万里街道的"万里观光12亭子艺术季",我们发布了"小老虎征集令"。收到了30幅独具匠心、风格各异、充满生命力的亲子或孩子手绘原创"万里小老虎"作品。我们还荣幸地邀请到公共装置设计师、艺术家刘毅老师来到幼儿园与"小小设计师"们互动,共同评选出大三班孙正皓小朋友的作品《帅帅虎》参展"万里观光12亭子艺术季"灯光装置展。

通过与艺术家的交流,我们了解到创作不仅仅是为了结果,更重要的是要有创意。艺术也能给人们的生活带来快乐和美好。"万里观光12亭子艺术季"在万里街道中央绿地展出,29幅入选作品也一同展出,深受当地居民喜爱。夜幕降临时,"帅帅虎"明亮的灯光吸引了众多路人驻足观赏。我们看到社区居民和他们的宠物坐在有"帅帅虎"的亭内,享受着冬日里灯光的温暖;少年们也被作品吸引,那是他们"学弟学妹们"的作品,能从中找到共鸣。

萌发小小博物家们的博物意识要从生活开始。本次公共艺术展,让孩子们更加喜爱公共艺术,每件作品都描绘了我们的生存空间与生活现状之间的关系,使每个人能在其中找到自我。不要认为生活美学离我们很远,其实童年时期的审美需要环境的深度熏陶。冬阳与社区生活美学共同创造,为万里幼儿园的孩子们提供了更多走出围墙的真实生活与教育体验,热爱源于生活中自然形成的活动。

3. 绿光闪入"自然博物馆",聚焦每一个"5·18 国际博物馆日"

第 45 个国际博物馆日,也是万里城幼儿园的第 1 个"博物馆奇妙日"。我们精心筹备了此次活动,设计了结合园内外的主要路径。园内部分,邀请了博物馆专家讲解科普知识,各班级孩子们还参观了园内的博物馆并打卡记录;园外部分,许多教师和幼儿报名参加了上海自然博物馆的"当好奇心遇到标本——2021 自然博物馆之夜",带着如何让标本"活起来"的问题开启了自然博物馆的奇幻之旅。

当晚,上海自然博物馆内声光电交相辉映,包括四维影院、非洲大草原多媒体展示和自然史诗多媒体展等视听活动。通过折纸、拓印、泥塑等方式让标本"复活",此类互动模式深得孩子们的喜爱,值得我们进一步思考探究途径的"环境戏剧"方式,以空间随戏剧展开的方式共创博物环境设计。基于这种理念,我们可以构建更多以儿童视角出发的教育环境,给予孩子更多自行探索、主动学习的机会。

(二)请进来:深化博物体验

在支持幼儿进行博物馆探究的过程中,充分利用社会资源显得尤为重要。上海自然博物馆、上海科技馆、普陀区刘海粟美术馆等馆将作为万里城幼儿园"儿童博物馆"课程的重要资源。通过创新的"馆校合作"模式,幼儿园将定期根据孩子们在主题活动中的"一箩筐"问题,邀请博物馆内的专业研究员来园与孩子们进行深入的互动。

1. 基于兴趣，请进来九子公园创始人

上海有座九子公园，能瞬间带你穿越回老弄堂。万里城幼儿园的大班孩子在 9 月结合"我是中国人"的主题活动，来到九子公园一探究竟。幼儿园有幸邀请到了九子公园的创始人洪克敏老师，和孩子们一起深入了解、体验我们的民间游戏。

洪克敏老师问："你们知道是哪九个'子'吗？"

去过九子公园的孩子们做足了准备，三下五除二就回答得很完整："打弹子、滚轮子、造房子、扯铃子、顶核子、跳筋子、抽陀子、掼结子、套圈子。"洪克敏老师给孩子们竖起了大拇指。不仅如此，他还和孩子们一起选择了 4 个非常适合大班孩子的游戏内容，大家一起体验了一把传统民间游戏的乐趣。

套圈子

套圈子原来是用弹性很足的藤条做的，被套物都是滑溜溜的小物品。在规定的距离内用藤圈扣住套物。

跳筋子

跳筋子怎么玩？哦，两个人，或者用两个凳子撑开橡筋，一个人在橡筋中间跳跃着，跳的时候还要唱好听的童谣："小皮球，小小来，落地开花二十一，二五六，二五七，二八二九三十一。"

顶核子

要用橄榄做玩具，在一定的高度上瞄准后放开，被击中的目标出框可再顶，反之被对方顶。

造房子

找块空地，用粉笔在地上画好格子，提起一只脚，落地的脚踢着格子中有一定重量的物体（如螺栓等），一级一级地玩起造房子的游戏。

在本次活动中，孩子们在专业人士的讲解和帮助下，不仅对每个民间游戏的玩法、材料、规则有了进一步的了解，身临其境地在游戏体验中感受老上海的传统游戏和文化。同时，孩子们也对自己所生活的海派城市上海有了很多新奇的感受，穿越了历史的长廊，回到没有参天的摩天大楼，没有密密麻麻的地铁，没有日新月异的科技的上海，从爷爷奶奶的视角看看他们曾经生活的城市是什么样子，这一定会成为孩子们永远难忘的记忆。

九子公园的活动让幼儿亲身体验和了解中国传统民间游戏，通过体验爷爷奶奶时代的游戏，孩子们能够跨越时间的限制,理解不同代际的生活和文化,这有助于他们认识到自己文化的根源和价值,这种跨代的视角是博物意识中对文化多样性的理解和尊重。幼儿还与九子公园创始人互动,孩子们能够从第一手资料中学习历史,增强对历史的认知和兴趣,这是博物意识中对历史和文化传承的尊重和探索。通过参与游戏,孩子们不仅学习了游戏规则,还体验了游戏背后的文化意义,这种实践参与是博物意识启蒙中强调的亲身体验和直接参与。同时,此类活动让孩子们对上海这座城市有了更深的情感联结,感受到海派文化的独特魅力,这种情感体验是博物意识中对文化遗产的情感认同和价值认同。虽然活动聚焦于传统游戏,但孩子们在体验过程中可能会产生新的思考和创意,这种创新思维是博物意识中鼓励的对传统知识的现代诠释和创新应用。孩子们学会了如何通过探索和体验来学习新知识,这种学习方式有助于培养终身学习的态度,是博物意识中对知识探索和个人成长的重视。

2. 固定节日,请进来自然博物馆专家

我们请来了自然博物馆的专家邓老师给三个级组的幼儿代表和老师上了一堂生动有趣的课——《斑马条纹猜猜猜》。老师坐在孩子们的身后,在这里与孩子们共同学习,一场和专业人士的"对话"就这么开始了。

孩子们提出了如下问题:

"斑马是白底黑纹,还是黑底白纹?"

"斑马的黑白条纹和它们的家族是什么?"

"黑白'条纹衫'的作用是什么?"

邓老师通过《斑马条纹猜猜猜》这堂课,向孩子们介绍了斑马条纹的科学知识,通过有趣的问题(如斑马是白底黑纹,还是黑底白纹)激发孩子们的好奇心和探究欲望,这种科学知识的传授是

博物意识启蒙的重要组成部分,帮助孩子们建立起对自然界事物的基本认知。

孩子们在活动中与专家进行对话,积极地参与到学习过程中,加深他们对知识的理解和记忆。通过观察斑马条纹的独特性,学习到了如何识别和区分不同的斑马个体,这种观察能力对于博物学的学习至关重要。孩子们在课程的驱动下,对斑马产生了更广泛的兴趣,并主动前往自然博物馆进一步探索和学习,这有助于拓宽他们的视野和知识面。

教师与孩子们一同学习和成长,不仅提升了自身的博物学知识,也增强了作为教育者引导幼儿进行博物学习的能力。通过多方面的互动和学习,有效地启蒙了幼儿的博物意识,不仅让孩子们获得了知识,还激发了他们的探究兴趣,培养了观察和思考的能力,同时也提升了教师的专业素养。这种启蒙对于孩子们形成全面的世界观和终身学习的态度具有重要意义。

3. 基于问题,请进来自然博物馆专家

最近,大二班"如火如荼"的"养蚕活动",已经轰动了整个幼儿园,包括大厨叔叔、门卫伯伯无一不知,无一不晓。

周二早晨,大二班一名男生突然在自然角发现了"蚕宝宝的卵"附近有一个貌似虫子的黑色爬行小动物,他异常激动地在走廊里"奔走而告":"蚕宝宝孵出来了! 蚕宝宝孵出来了!"一阵大呼小叫,引来了很多路过的保育员大妈妈、隔壁班老师、班级里小朋友的关注。有一个小朋友说:"蚕宝宝是白色的,这个不是。"又有一个小朋友说:"形状不对,这个是圆形的,蚕宝宝身体长长的。"最后,一名戴着眼镜的女生提出了一个好建议:"我们用放大镜看就清楚了,然后请老师一起来看看吧!"

孩子们对蚕宝宝的问题接踵而至:

"蚕宝宝是怎么出生的?"

"蚕宝宝除了桑叶,还喜欢吃什么?"

"为什么蚕宝宝吃了桑叶能吐出丝来?"

"蚕宝宝吐出来的丝可以派什么用处?"

"蚕宝宝是怎么变成飞蛾的?"

"为什么蚕宝宝变成蛾之后腿会变少?"

"蚕宝宝怎么会变成茧?"

"它躲在茧里做什么?"

"为什么有的蚕宝宝结的茧是五颜六色的？"

"蚕宝宝是如何从蚕茧里开窗爬出来的？"

"蚕宝宝是怎么变成飞蛾的？"

"蝴蝶与飞蛾有哪些区别？"

基于孩子们的好奇和好问，我们邀请
到了上海自然博物馆的何鑫老师，来"万
里小小演播室"和小朋友一起聊聊"蚕宝
宝的秘密"，一问一答妙趣横生，引起了孩
子们去了解大自然的兴趣，也为大二班的
孩子和老师的"养蚕事件大侦破"提供了
很多"真知灼见"。

接着，孩子们开启了养蚕行动。小小
记录员认真观察蚕宝宝每天的变化与状
态，用橡皮泥制作蚕宝宝的外形，用积木
为蚕宝宝造家，小心翼翼地擦拭每一片桑叶喂蚕宝宝，用心记录着它们的成长过程。

幼儿仔细观察、记录、喂养蚕宝宝

世间万物都有它的身世，它的来源，它的故事。养蚕正是观察物种生命成长的一种很好的方

125

式,它们也有同样丰富而奇妙的生长历程。"养蚕事件大侦破"过程中的孩子们每天都对蚕宝宝的生命历程充满了探究欲望,通过观察、讨论、比较、实验等方法探究蚕宝宝。他们兼任小小饲养员与小小研究者,不断思考、提问,在别人找到满意答案的地方发现问题,在别人只看到困难的时刻从容应对。

(案例提供者:吴伟瑛)

在这个过程中,老师及时捕捉到了那些重要的、有意义的事件,并以适宜的方式介入。而捕捉的工具是客观分析的前提,老师们通过录像、展览、小册子、照片等工具积极观察记录孩子的探究过程,科学地用"实证"来支持儿童的好奇探究。

通过专业人士来解决问题和现场互动来启蒙幼儿的博物意识。孩子们在自然角发现蚕宝宝后,产生了强烈的兴趣和好奇心,提出了许多关于蚕宝宝的问题。这种好奇心是博物意识启蒙的起点,因为它驱动孩子们去探索未知。通过观察、讨论和使用放大镜等工具来探究蚕宝宝的特征,主动的科学探究行为是博物意识的重要组成部分。孩子们作为小小记录员,认真观察蚕宝宝每天的变化,并用心记录它们的成长过程,这种观察和记录能力是博物学研究的基础。孩子们动手为蚕宝宝建造家园、擦拭桑叶,这些实践活动不仅增强了孩子们的动手能力,也加深了他们对蚕生命周期的理解。在养蚕的过程中,孩子们对蚕宝宝的生命历程产生了情感投入,这种情感的发展有助于孩子们建立起对自然和生命的尊重和爱护。在探究过程中不断思考和提问,学习如何在别人找到答案的地方发现问题,这种能力对于博物意识的培养至关重要。

生活是真实的,知识是鲜活的,而获取知识的途径不仅是"百度",更多是幼儿的亲身经历和实践。因此,未来幼儿园的课程需要更多"跨领域"的专业支撑,幼儿园应当积极地把这些资源"请进来",丰富他们的学习体验,促进博物意识的培养,共同创建具有博物意识的课程。

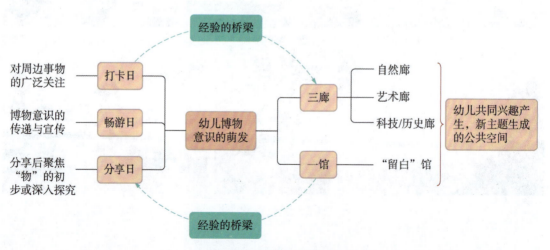

万里城幼儿园"博物意识"课程架构

综上所述,在幼儿园的博物教育实践中,我们精心构建了博物课程体系,旨在通过"三廊一馆"及"三个日"的活动,引导幼儿观察、探索、发现,从而萌发他们的博物意识。

"三廊一馆"中"三廊"的设置为幼儿提供了丰富多样的学习环境,而"一馆"留白馆则给予幼儿自主发挥的空间,让他们在自由的氛围中去发现自己感兴趣的事物。

"三个日"中的打卡日是幼儿对周边事物广泛关注的重要契机;分享日鼓励幼儿积极分享自己在观察和探索中的所得,促进彼此的交流和学习,进一步深化对自然、历史、文化的理解;畅游日里,为幼儿创造更加自由和开放的环境,让他们能够尽情地探索和发现,培养他们的自主学习能力和创新思维。

通过"三廊一馆"及"三个日"的博物课程体系构建,我们为幼儿搭建了"在观察中善于思考,在探索中积累经验,在发现中感受乐趣"的桥梁,逐渐萌发他们对自然、历史、文化的热爱与尊重,为其未来的成长奠定坚实的基础。

第三章

发起动态馆
探索班本化实践模式

幼儿的兴趣既广泛又多变,因此幼儿园的博物课程应当从幼儿的个性化兴趣出发,顺应生活的变化。基于此,我们决定将幼儿园内的博物馆跳脱出静态的展览空间,让博物课程动态化,及时满足幼儿交流与创造的需求。我们探索运用教室空间创建动态馆,给予班级教师和幼儿更大的自主权,形成一个个富有个性、能够满足幼儿不同兴趣的班本化博物项目。这样,幼儿便可以随时随地进行交流、收藏、学习和策展,从而更有效地促进他们的主动学习。这种模式也有助于更好地培养幼儿的博物意识,让他们认识到世界的多样性及其内在的联系。

基于个体兴趣的班本化项目

每个孩子都有自己独特的兴趣和潜能,这些兴趣和潜能的发展不仅是个体成长的体现,更是我们博物课程丰富多彩的一部分。在教育实践中,园级的共同环境和活动为幼儿提供了广阔的成长空间和丰富的体验机会,然而,这些普遍性的教育形式往往难以深入到每一名幼儿的内心,满足他们个性化的发展需求。因此,从园级的共同环境、共同活动过渡到班级主体的班本化实践显得尤为重要。

我们将研究视角从园级层面的共同学习、共同创设、共同活动聚焦至每位教师课程实践的主阵地——"班级"。从综合主题活动、幼儿自发话题及博物馆展品三条路径出发,鼓励教师以班级为本进行课程实施与开发。根据本班幼儿的已有经验和差异化兴趣,充分运用本班的课程资源,在充分的师幼、幼幼互动中,与幼儿共同建构一个多元化、个性化、充满活力与包容的博物环境,最终形成不同的个性化班本项目活动,以满足不同个体、小组、集体博物意识的萌发。

我们认为,**班本化实践能够满足幼儿个性化发展的需求。**通过班本化实践活动,教师有更多时间观察、倾听、了解每个幼儿的个性特点,为他们量身定制适合的学习内容和方法,从而最大限度地发挥他们的潜力。**班本化实践活动能够增强班级凝聚力和集体荣誉感。**在班本化实践中,幼儿共同参与班级活动的策划、组织和实施,形成了紧密的合作关系。这种合作不仅促进了同伴间的交流与互动,还培养了他们的团队精神和集体荣誉感。当班级取得成就时,每个幼儿都能感受到自己的价值和贡献,从而更加珍惜和热爱自己的班级。这不仅是博物意识的萌发,也是内驱动力的形成。

我们发现,在这一过程中,教师能够更紧密地跟随本班幼儿的兴趣,使课程内容与之更贴合,实现有趣、有深度且可持续的博物学习。

一、模式一:由综合主题活动引发的班本化实践

综合主题活动是教师培养儿童博物意识最便利的手段。在主题活动

中,老师们充分关注每一个儿童,了解孩子们对活动中的哪些内容感兴趣,帮助他们将感兴趣的话题转变为驱动型问题。基于这些驱动型问题,老师们从"儿童视角"出发思考主题活动与博物馆资源之间的关系,并尝试了多种方式将博物资源引入主题中,形成探究式活动,从而开启班本化实践。这样,孩子们在自主探究中解决自己的疑惑,萌发博物意识,发挥探究能力,实现全面、个性化的成长。

(一) 意义

综合主题活动是幼儿园课程实施的一种重要形式,将多领域的内容有机融合,通过多样化的活动形式,引导幼儿在参与中主动学习、建构知识。在此过程中会产生大量引导幼儿关注、观察、欣赏和探究的机会。因此,幼儿园主题活动与博物教育的结合是自然发生且势在必行的。我们通过班本化实践分析其优势,探讨实施的基本步骤,并提出在实施过程中需要注意的问题。

(二) 优势

1. 激发幼儿的好奇与探索欲:博物教育作为一种综合性教育方式,通过丰富的实物展示和系统性的主题教育,激发儿童的好奇心和探索欲,促进他们多方面能力的发展。具体而言:

■ 增强学习体验:直观的博物展品比抽象的课本知识更能吸引儿童的注意力,提供更为丰富的感官体验。

■ 促进跨学科学习:博物教育的内容跨越自然科学、历史等多个领域,有助于儿童建立跨学科的联系,形成全面的知识体系。

■ 培养探究精神:通过观察和探索博物馆中的展品,儿童可以主动提出问题,在教师的引导下寻找答案,形成积极的学习态度。

■ 发展社会情感:博物馆作为一个公共学习场所,有助于儿童学习如何与他人交流和合作,培养社会情感。

2. 实现教师的赋权与自主性:综合主题活动被视作教育过程的重要组成部分,通常由教育机构统一制定,提供了教师关于特定年龄段实施特定教育内容以实现学习与发展目标的支架,旨在满足特定年龄段儿童的发展需求。然而,随着教育理念的不断更新,教师的角色逐渐转变为学习的引导者。班本化实践正是基于这一理念,为教师提供了更多的自主性和参与度,使他们在实施课程时能与幼儿一起决定何时、如何实施,以及课程内容的广度和深度,以此带来更适宜的活动方案。

这种赋权使得教育活动更加灵活和个性化,教师可以根据班级儿童的实际需求和发展水平调整教学方法和内容,从而提供更适宜的学习体验。这也提高了教师的专业积极性,鼓励他们发挥创造性,设计富有挑战性和趣味性的课程。

(三) 实施模式

经过实施博物教育与综合主题活动相结合的班本化实践,我们探索出以下模式:**主题——博物馆——班本化探究**。具体表现为:

■ 综合主题活动中的经验准备:教师根据儿童的兴趣和发展需要选择合适的主题,并与博物教育相关内容进行整合。

■ 博物馆考察中的深入理解:组织儿童前往博物馆进行实地考察,通过观察和体验深入理解课程内容。

■ 基于综合主题活动与儿童的班本化探究:教师根据考察结果设计具有班级特色的教学活动,鼓励儿童参与到活动设计和实施过程中,发挥主体性。

■ 促进学习品质的反思与调整:在活动实施后,教师和儿童一起反思学习过程,根据反馈调整教学策略,确保教育活动的持续改进。

小班案例　会捉迷藏的动物朋友

(案例提供者:翟丽娜)

在小班"学本领"主题背景下,活动目标之一是让幼儿了解每个动物都有各自的本领。我们发现,幼儿对动物拟人化表现的兴趣较为强烈,因此增加了阅读动物科普类绘本、欣赏相关动画片等活动内容；创设了主题墙面，为幼儿提供在活动中深入观察小动物特征的机会，通过不断探究了解动物朋友们的独特本领。慢慢地，孩子们对动物有了初步的了解和认识，知道了不同的动物的特殊技能，例如有的会飞，有的是跑步冠军，有的会保护自己。尤其是在阅读了绘本《藏在哪里》之后，书中的小动物们以直观、鲜明的形象呈现在幼儿面前，让他们体会到小动物玩捉迷藏的快乐，产生对动物朋友的喜爱之情。故事中小动物捉迷藏的游戏非常适合幼儿的年龄特点和生活经验，引发了他们对"动物本领"的新认知。于是，孩子们产生了新的问题："动物是如何藏起来的？"

第一阶段：田野调查——小动物们有哪些本领

通过一系列的主题活动开展，当问题聚焦到"动物是如何藏起来的？"后，我们设计了调查表格。幼儿与爸爸妈妈一起查阅资料，了解幼儿的已有经验。这既培养他们的探究意识，也为后续班本化博物课程开展奠定基础。

"小动物有哪些本领？"大调查	

幼儿和爸爸妈妈一起完成了调查,调查结果汇总如下:

我知道的小动物的本领:	小乌龟、小猫、小狗、小鸭、小兔
我喜欢的小动物的本领:	蝴蝶、青蛙、大象、猴子、孔雀……
我还想知道的小动物的本领:	长颈鹿、奶牛、恐龙……

小动物是幼儿容易亲近的一种角色。在本次课程活动中,以小动物为依托点,吸引孩子注意,为他们提供自我构建经验的空间。从《藏在哪里》绘本引发兴趣出发,看到幼儿在与动物亲近过程中的情感、思维、能力发展。

"小动物有哪些本领?"调查表帮助了解幼儿的现有水平和兴趣。内容简单、方式新颖,易于为小班幼儿理解和接受,有助于增强他们的语言表达能力和初步完成小任务的意识。教师需通过仔细观察幼儿的行为表现进行判断其兴趣,支持研究深入进行。

第二阶段:亲子打卡——探秘自然博物馆

进入"探究热"阶段,书本知识已不能满足幼儿需求,此时可能是因为教师的支持无法满足他们深入探究的需求。而博物馆内真实的展教资源将之前探究的内容生动呈现,孩子可以实地走访,多感官地了解和探究。

我们应及时把握这个"探究热"的关键点,基于孩子需求,发挥博物教育资源的作用。

制定亲子参观自然博物馆的小任务,幼儿与爸爸妈妈带着问题开始了这场探秘之旅。

小动物有什么本领可以躲藏?	颜色、形状、坚硬的外壳、气味、伪装
小动物身上的颜色有什么作用?	躲避敌人、隐藏自己、逃避攻击、御寒保暖等起到保护的作用

通过亲子调查归类,我们发现幼儿对动物的颜色、外形感兴趣。因此,根据小班的年龄特点,选择幼儿感兴趣的颜色进行探究式学习,设置相关班本化博物课程,启发幼儿的博物意识。

第三阶段:调查汇总——家长社群大反馈

在家庭参观自然博物馆的探究活动中,每位幼儿和家长都积极投入,带着问题完成这次探究之旅。教师则通过调查表抛出问题,探究问题,解决问题,采用这样线上线下相结合的方式帮助孩子展开目的性探究。

活动尊重幼儿兴趣,结合线上与线下探索,由易到难递进,让小班幼儿逐步深入探究感兴趣的事物,接受探究式学习推进。同时增进家园沟通,促进共育,让孩子在参观中开阔视野,增强语言表达和观察能力。由于自然博物馆中的展品众多,科学原理复杂,小班幼儿难以理解,家长讲解和引导至关重要。

第四阶段:班本化探究

经过前两个阶段的探究,幼儿在"动物怎样捉迷藏?"的问题驱动下展开一系列调查,发现有的动物用颜色来保护自己。为了进一步拓展幼儿经验,我们开展以下班本化博物课程,设计幼儿感兴趣的主题环境,以森林背景提供喜欢的动物图片和探究工具,如放大镜、手电筒等,围绕动物变色进行学习活动。

活动前引导幼儿观察动物栖息地及颜色,探讨生存意义。活动中通过小组讨论鼓励分享理解,增强保护色的认识。幼儿在绘画或印制动物模型时思考颜色选择的影响。活动后引导反思提问,培养思考和解决问题的能力。这些方法让幼儿不仅学到知识,还培养了观察力、思考力和反思能力,逐步形成博物学意识和兴趣。

随着继续探究,对动物颜色如何保护自己感兴趣的幼儿比例超过 80%。孩子们提出"我给蝴蝶穿上橘色衣服藏在小花里"或"把青蛙藏在绿色草丛里",由此产生驱动问题——"小动物怎样用颜色保护自己?"在亲子调查基础上激烈讨论后,决定请爸爸妈妈协助制作动物服饰,装扮成不同颜色的小动物,在幼儿园各个角落躲藏,体验保护作用。

第五阶段:反思与调整

此活动让孩子们通过体验探索和理解动物如何使用颜色保护自身。通过反思可以进一步挖掘和培养孩子们的博物意识。

在装扮成小动物之前,与孩子们讨论每种动物的保护色及其在自然环境中的作用,思考为什么选择特定颜色和地点隐藏。游戏前让每个孩子观察所选藏身地点,思考其帮助他们"隐身"的理由。游戏中互相提问讨论,比如:"你是怎么找到我的?""你为什么要藏在那里?"游戏结束后组织集体讨论,分享体验和发现,思考策略的有效性及原因。讨论动物保护色在现实生活中的应用,强调保护动物和自然环境的重要性,意识到保护色不仅是动物生存的策略,也是人类尊重和保护自然的方式。鼓励思考除颜色外的其他保护方法,如气味、形状等。让孩子们记录下他们的藏身地点和策略及其选择理由,定期回顾记录以促进学习和进步。鼓励家长参与讨论和探索动物保护色的话题,增加家庭互动。

我们还可以设计延伸活动,如让创作关于动物保护色的画作或故事,深化对主题的理解。通过这些方法,孩子们不仅能在游戏中学习到动物保护色知识,还能培养观察力、思考力、创造力和反思能力,增强博物意识。

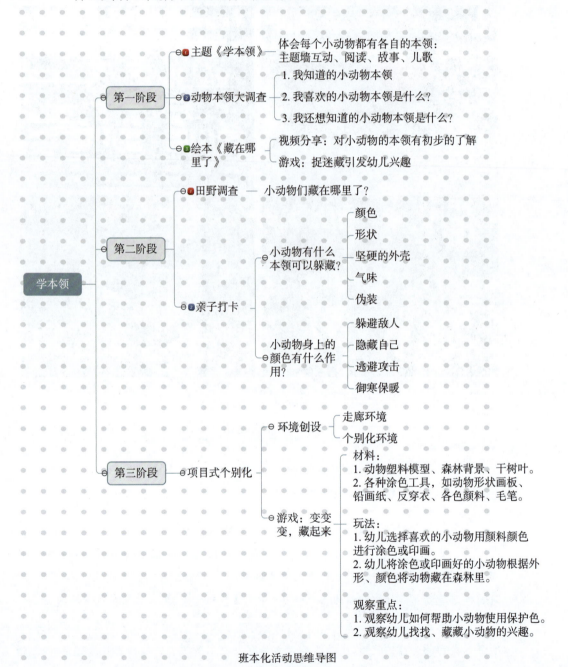

班本化活动思维导图

（四）实施注意点

在实施博物教育与综合主题活动相结合的班本化实践中,需要注意以下几个关键点。

1. 考量适用性,无缝衔接

"成功的结合应基于儿童的内在动机,以博物资源为载体,深化课程的理解,而不仅仅是表面的联结。"适用性的考量至关重要,不是所有综合主题活动都能无缝对接博物教育。例如,幼儿园的"自然探索"类主题活动因其关注生命科学与环境互动,与博物教育的实践精神高度契合。而"社会与情感发展"类主题活动虽然核心在于人际交往,但可借助博物馆的社会历史展览,引导幼儿理解社会变迁和人类情感的多样性。然而,如"数学逻辑"类主题活动,其结合博物教育需要更为巧妙,可以通过博物馆的建筑结构或化石排列展示数学规律,激发幼儿的数学兴趣。每种结合都需依据课程目标匹配幼儿兴趣,确保教育的有效性和吸引力。

2. 主题选择,深挖资源

在选择主题时,应深度挖掘其与博物资源的契合点,以强化教育的深度与广度。例如,以"自然生态"为主题可以联结博物馆的动植物标本,引导幼儿观察生物多样性,理解生态平衡的重要性。同时,参照"最近发展区"理论选取与幼儿生活经验相贴近的主题,如"昆虫世界",结合博物馆的昆虫展览,不仅能激发幼儿的好奇心,还能在实践中促进他们的认知发展。此外,主题选择的关键在于如何构建综合主题活动与博物资源的桥梁,确保教育活动既有趣又有教育意义。

3. 资源利用,呈现特色

博物馆作为丰富的教育资源库,其展品包括实体标本、多媒体展示和虚拟现实体验等,这些都为幼儿园综合主题活动提供了生动的教学素材。例如,教师可以借助博物馆的动物标本,引导幼儿观察并理解生物的多样性。专业讲解员的介入,能以儿童友好的方式传达复杂的科学概念,增强学习效果。此外,如化石挖掘模拟或生态模拟游戏等互动活动能使幼儿在参与中主动学习,增强问题解决和批判性思考能力,这种沉浸式学习环境能显著提升幼儿的学习兴趣和参与度。

4. 教师培训,提升专业素养

教师培训是提升博物教育质量的关键环节。通过工作坊和研讨会等方式强化幼儿园教师在综合主题活动中的博物教育专业素养,例如指导教师如何在"自然科学"类主题活动中融入博物元素。培训还应强调活动设计的实践性,如在"艺术"类主题活动中教师可以指导幼儿观察博物馆中的艺术品以激发创作灵感。同时,培训内容应涵盖反思性评价,使教师能有效地评估博物活动对幼儿认知和情感发展的影响,如"社会研究"类主题活动后的反思分享环节,有助于提升教师在博物教育中的教学效能,进而提升幼儿的博物素养。

总之,在强调主动和探究学习的今天,培养幼儿的博物意识越来越重要。为了拓展幼儿的学习空间并培养他们广泛关注、深入观察、静心欣赏、积极探究的博物意识,我们应从幼儿的生活经验出发,关注幼儿的兴趣。以幼儿为主体,在促进他们良好学习品质形成的同时,助力每个孩子成为"小小博物家"。班本化的活动能让幼儿有动用各种感官的机会,有借助展品分享自己的探索经历和成果进行深度学习的机会,从而提升综合素养。

二、模式二:由幼儿自发话题引发的班本化策展

在幼儿园的一日生活中,蕴藏着孩子们丰富的奇思妙想。因此,教师越来越关注孩子们每天日常聊天的话题,靠近他们认真倾听,常常积极地加入他们共同讨论。在自由对话的过程中,教师发现某些话题能够引起孩子们的强烈共鸣,进而以这些话题为基点,主动寻找相关的博物馆资源,并在班级中创建博物角,开展属于自己班级的班本化活动。

(一) 意义

由幼儿自发话题引发的班本化策展是教育创新的实践形式,我们强调以幼儿的兴趣为核心,激发他们对自我认知和环境理解的深度探索。例如,当孩子们对恐龙表现出浓厚兴趣时,教师可以组织参观自然博物馆或恐龙主题展览,这不仅有助于增加学习的趣味性,也旨在点燃他们对知识的热忱。实地体验使得抽象科学概念具象化,相较于由综合主题活动引发的班本化实践,这种模式更注重个体差异,教师根据孩子的喜好,巧妙融入博物资源,设计贴近孩子内心世界的教育活动。

由幼儿自发话题引发的班本化策展的独特在于其动态性和互动性。在恐龙主题策展中,教师不再是简单的信息传递者,而是变成引导者,鼓励孩子们通过观察、提问及思考自主构建知识,培养创新思维和问题解决能力。活动的互动性质让孩子们能直接与现实世界接触,有助于培养他们的探索精神和批判性思维。

(二) 优势

班本化策展的优势体现在其灵活性、针对性以及协作性。它以孩子的兴趣为导向,满足个性化需求。

灵活性表现在可以根据孩子的兴趣自由调整内容。例如对航天器充满好奇的孩子,教师可以灵活设计太空主题策展,从模型展示到播放启发性纪录片,再到引导制作火箭模型,将学习与乐趣相结合,激发学习兴趣。不仅内容可变,策展空间也灵活多变。班级中可以根据孩子的兴趣设立一个或多个展区,供他们自由交流分享。

针对性则满足了每个孩子的个性化需求。例如对天文感兴趣的孩子,策展可以专注于星体的形成和太空探索;对水晶感兴趣的孩子,可以深入了解水晶的内部结构和纹理;而对树叶感兴趣的孩子,则可以随着四季变化探访附近的街心花园进行探究。这样的针对性鼓励孩子在自己热衷的领域里进行更深入的探索,促进他们的个性化发展。

协作性是指集体合作的重要性。在策展过程中的合作让孩子们锻炼团队协作与沟通技巧,模拟真实社会的合作环境,为他们的未来生活和工作奠定基础。

(三) 实施模式

实施班本化策展首先要识别和捕捉孩子的兴趣点。例如,围绕动物的讨论可以成为策展的主题。教师可以通过收集动物书籍、组织动物园考察甚至邀请行业专家举办讲座来丰富策展内容。策展应以孩子为主导,教师的角色是引导者和协助者的角色,确保活动的安全和有效性。同时,通过展览、报告等形式展示策展成果,肯定孩子的探究成果,增强他们的成就感。

经过实施**由幼儿自发话题引发的班本化策展**,我们探索出以下模式:**幼儿——博物馆——班本化策展。**

1. **观察幼儿行为,发掘潜在话题。**

在幼儿园的日常活动中,教师需敏锐地观察孩子的言行,从他们的兴趣和好奇心中捕捉潜在的话题。例如,在自由游戏时间,他们或许围绕特定的玩具展开讨论,或在户外探索时对某自然现象表现出浓厚兴趣。这些看似随意行为背后可能蕴含教育契机。教师应记录下这些互动,包括他们使用的语言、关注的事物以及提出的问题。

2. **筛选话题,确保具有教育价值与吸引力。**

在捕捉到孩子的潜在兴趣后,教师需要筛选这些兴趣点,以确定它们是否具有教育价值并能够激发孩子的探究欲。这一过程需要教师的价值判断。在实践过程中,我们总结了一些筛选的依据与方法:

■ 考虑话题的相关性、可行性及其对孩子全面发展的促进作用。例如,针对孩子对昆虫的兴趣,教师可以引导他们观察昆虫的生活习性,引入生态环境和生物多样性的教育内容。

■ 关注孩子的兴趣点。兴趣是学习的最佳驱动力。通过问卷调查、小组讨论或个别访谈等方式了解孩子对特定话题的兴趣程度。评估话题是否能引发孩子的积极情感反应,如惊奇、愉悦或满足感等,这些情感对于维持孩子的探究热情至关重要。

■ 考虑幼儿的个体差异。每个孩子都有独特的兴趣和学习风格,教师需要找到能够满足不同孩子需求的话题。例如,动手能力强的孩子可以参与制作活动,语言能力强的孩子可以通过讲故事或写作来表达理解和感受。

■ 筛选话题并与幼儿园的课程目标和教育计划相结合,确保它们支持孩子在各个领域的学习和发展。在实践中,教师需不断反思和调整策略,确保话题选择和实施在最大程度上满足孩子的需求和兴趣。

3. 确定主题计划,准备所需资源和材料。

班本化策展首要任务是确定目标和主题来指导活动的方向和内容,制作详细的计划和时间表,考虑孩子的年龄、可用资源和教师指导等方面。准备充足的资源和材料包括教育材料、工具、展示空间和辅助人员等,确保安全和教育性的有效性。家长和社区成员的参与也能提供支持并丰富活动内容,创造有意义的策展环境。

4. 通过话题逐步深入,促进幼儿探究与发现。

话题的引导是班本化策展的核心起点,其目的是激发幼儿的兴趣和好奇心。教师应避免单向灌输式教学,而是营造宽松自由的谈话氛围,以开放性问题激发思考。例如,在探讨动物博物馆展览时,可以问:"你们知道哪些动物?""你最喜欢哪种动物,为什么?"这些问题可以鼓励孩子分享自己的观点和经历,提供丰富的策展素材。教师还可以利用故事、视频或实物展示从多角度引导思考,确保每个孩子都参与进来。为了更深入地探索主题,需要组织多样化的活动。在此过程中,教师需要细致地观察孩子的行为和反应,了解他们对活动的喜好和建议。通过分析这些信息和反馈,教师能更准确地把握孩子的需求,优化策展过程,增强效果和针对性。

5. 设计和实施展览活动,引发幼儿参观与交流的热情。

在展览活动中,教师需以生动的方式引导孩子,介绍展品的背景,鼓励他们提问和表达意见,以增强他们的观察和思考能力。互动环节的设计要适应孩子的年龄特点,设置有趣的活动,如展品投票等,促进学习和乐趣的结合。家长和跨班参与能增加交流的效果。此活动旨在使孩子通过获取知识和互动来发展社交与语言技能,适时的指导非常关键。

(案例提供者:金晓倩　董开妍)

第一阶段:观察幼儿,发现话题

孩子们对毛绒玩偶和小汽车爱不释手,特别是小汽车,仿佛它们是开启小小世界的魔法钥匙。在"我在马路边"主题活动中,我们精心布置各种独特的马路之车,瞬间点燃了孩子们的热情。璘璘兴奋地告诉我,他的家拥有庞大的小汽车队伍,从乐高积木到精致模型一应俱全。凯文迫不及待地插话,分享他参观汽车博物馆的精彩经历。从与孩子们的交谈中,我感受到了他们对汽车世界的无限好奇与探索欲望。

第二阶段:筛选话题,确保价值

怀揣着对汽车的热爱和好奇心,幼儿园的小小探险家们手持专属小护照,踏入了"汽车博物馆"的奇妙世界。他们专注研究每款独特汽车,并迫不及待地与小伙伴们分享令人震撼的发现。在项目启动前,引导孩子们设计调查问卷,投票结果揭示他们梦想设计未来汽车。因此,"未来的汽车将如何让我们的生活更便捷?"这一激动人心的问题催生了我们班级博物角的诞生,也标志着独特班本项目的启动。

通过儿童议会讨论，孩子们精心挑选了博物角的理想位置，并热衷搜集各种汽车模型。他们思考："如何打造一个既吸引自己又令观众着迷的汽车博物馆呢？"再次踏入博物馆时，孩子们细致观察展示布局，关注服务人员职责。深入观察和热烈讨论后，孩子们的创新思维绽放火花，有的设想出带有防护尖刺的汽车，有的构思能随环境变色、巧妙伪装的汽车，还有的设计出能翱翔天空的汽车。这样，我们班级的博物角在孩子们的奇思妙想中逐渐丰满起来，充满活力和梦想。

第三阶段：确定主题，前期准备

选定汽车博物馆后，孩子们带着新奇的探索心再次踏入这片汽车的奇幻世界。他们带着问题来："汽车博物馆是如何展示这些多彩车辆的？""陈列奥秘是什么？""怎样让展示更具吸引力？"回到幼儿园，又一场"儿童议会"召开了，大家共同分享思考。嘉嘉充满激情地分享："我在博物馆看到，汽车是按年代顺序排列的，就像一部生动的历史书！"而璘璘提出独特视角："我们不一定知道每辆车的确切年代。我整理家里的玩具车时，会根据功能和类型分类。"

教师捕捉到这创意火花——以车辆类别和功能为线索进行展示。于是，鼓励孩子们尝试璘璘的创新提议。

第四阶段：话题深入，探究发现

两次深入探访汽车博物馆，孩子们的兴趣愈发浓厚。他们有针对性地探索，对博物馆的展示方式和内容有了更深刻的理解。现在，他们渴望创造一个别具一格的汽车博物角，吸引更多小伙伴共同探索。教育目标正是顺应孩子兴趣，激发求知欲。作为教师，我们的任务是提供支持，利用幼儿园、家庭和社会的丰富资源。清晰表达想法是生活中重要的沟通技巧，也是孩子走向社会的第一步，我们称之为"同理心"的培养。

我们将携手家长，邀请孩子与父母寻找家中的汽车模型或玩具，汇聚各种车型。有的孩子热衷于设计独特建筑，结合班级对"衣食住行"中的"住"的初步研究，计划利用家长和博物馆资源，深入探究此主题。同时，鼓励孩子们寻找废旧材料，如纸杯、纸箱、饮料瓶等，发挥创意，打造独特建筑，让想象力生根发芽。

第五阶段：展览实施，参观交流

一周时间过去，孩子们满载珍藏与创意作品而来，依据儿童议会的智慧，按照功能与意义巧妙布置各自的展品。霎时，我们的博物角瞬间栩栩如生，美不胜收！紧接着新挑战降临：如何让博物角和博物墙以最佳姿态迎接观众？孩子们再度展开热烈讨论。有人分享："我在大博物馆见过讲解员！""还有，安保人员也在那里维持秩序呢！"

我顺势引导："讲解员和安保人员的工作是什么？"香香随即解答："讲解员佩戴胸牌，拿麦克风，讲述展品故事和来历。安保人员像幼儿园保安叔叔，保证秩序哦。"

香香生动的描述，让孩子们清晰地认识了这两个关键角色。借鉴班级的"小帮手"制度，设立了讲解员和安保员岗位。每周邀请两名孩子担任这些角色，负责解说博物角的奇妙世界，同时守护博物角和博物墙的秩序。

试运营期间，孩子们敏锐注意到参观者过多可能导致拥挤，甚至损坏展品。诺诺妹妹提议："我们可以设立一块分隔板，区分入口和出口，再画上安全标志。如果人多，小朋友就能从安全出口快速离开，这样就安全了。"

孩子们的集体智慧发挥作用，终于，博物角正式开放日到来！观众有序排队，沉浸于展品魅力中，倾听讲解员解说，乐在其中。

上述案例是一次以班级博物角为舞台、孩子们自发引领的博物策展实践。无论老师还是孩子，都在挑战与困难中前行，不怕失败，最终打造出属于我们班的"汽车博物馆"，圆满解答驱动型问题——"怎样打造一个吸引人的汽车博物馆？"

从幼儿兴趣和经验出发，我们启动了博物角活动。"我在马路边"主题活动中，通过对话，我们发现孩子们对汽车充满好奇。《汽车调查表》显示了他们的兴趣点。随着对马路上汽车和建筑的深入探讨，孩子们对汽车陈列和布置热情高涨。实地参观汽车博物馆后，分享体验激发了更强烈的探索欲。于是，"怎样打造一个吸引人的汽车博物馆"成为博物角活动起点。家长与教研资源深度融合，满足了幼儿探索需求。从参观汽车博物馆到收集汽车模型，家长们的积极参与为孩子们的探索之路提供坚实支持。

随着博物角活动深入,孩子们渴望与更多人分享成果,首先是班里的小伙伴们。接着,我们尝试邀请其他班级的小朋友来参观"汽车博物馆"。他们将展示作品、视频及博物角的最终形态。在此过程中,回顾挑战与成功,锻炼语言表达和社会交往能力,自信地向来访者讲述故事:"请你试试看。""客人老师,你做得太好了。"……

(四) 实施注意点

在由幼儿自发话题引发的班本化策展的实施中,需要注意以下几个问题:

1. 尊重幼儿,引发兴趣。

在实施班本化策展时,教师应始终尊重幼儿的选择和兴趣,以他们的需求为导向,确保活动能够真正激发幼儿的学习热情和动力。

2. 平衡关系,自由探索。

实施过程中,教师需注重平衡引导与自由探索的关系,避免过度干预或放任自流。要尊重每个孩子的独特性,允许他们以自己的速度和方式参与到活动中。同时,安全始终是首要考虑,无论是实地考察还是动手操作,都应确保活动的安全性。

3. 合理规划,安排时间。

班本化策展需要一定的时间来完成,教师应合理规划活动的时间,有机地与综合主题活动整合,确保每个环节都能得到充分的实施。同时,也要考虑到幼儿的年龄特点和精力状况,避免过度疲劳和压力过大。

4. 充分利用,整合资源。

在实施班本化策展时,教师应充分利用各种资源,包括图书、网络、实物等,为幼儿提供丰富的学习材料。同时,也要积极争取家长的支持和参与,共同为策展活动提供资源和帮助。

总之,幼儿自发话题引发的班本化策展实践活动,证明了其独特的教育价值和实施效果。这种策展模式以幼儿的核心兴趣为基础,通过教师的引导与支持,让幼儿在策展过程中发挥主动学习和探索的能力。在实施过程中,教师的角色转变为协助者和引导者,为幼儿提供了一个自由探索和表达的环境。孩子们在自主讨论、设计和实施展览的过程中,不仅对所关注的话题有了更深入的了解,而且在团队合作、问题解决、创新思维等方面也获得了宝贵的经验。

由幼儿话题引发的班本化策展是一种有效的教学方式,它使幼儿能够在真实的情境中进行学习,通过实践参与构建知识,从而达到知识内化和能力增强的目的。孩子们的参与度和获得的成就感,是对这种实施模式效果的有力证明。

三、模式三：由博物馆展品引发的班本化深度学习

博物馆展品是展开班本化深度学习的重要媒介。我们通过关注亲子打卡中的内容，及时梳理打卡内容，一对一倾听孩子们的真实想法。并在孩子们回到幼儿园的后一天，通过开展博物分享会，鼓励幼儿大胆发表自己参观的感想，追踪调查孩子之间关于参观的话题内容，了解孩子们喜欢的博物馆展品。从而以博物馆的具体展品为主题展开深度学习，并建立幼儿与博物馆之间的深度联系。

（一）意义

1. 博物馆展品作为教育资源的价值

博物馆展品作为学龄前儿童的教育资源，不仅涵盖历史、科学、艺术等多个领域，更以直观、生动的形式激发了幼儿的好奇心和探索欲。幼儿在观察和学习的过程中，开拓视野，丰富知识，培养想象力、观察力和社会交往能力，同时也加深了他们对中华文化的认同感。家长和教师应积极引导，让孩子们在博物馆这个特殊的教育殿堂中，收获知识，体验成长。

2. 深度学习在现代教育中的重要性

深度学习强调的是理解知识内涵，掌握知识之间的联系，发挥高阶思维能力，深度学习也是培养孩子们终身学习能力和解决问题能力的关键。将深度学习与博物馆展品结合，孩子们能更有效地剖析问题，整合信息，当深植于博物馆的探索之旅，他们在领略展品魅力的同时，也将孕育批判性思维和创新思维的种子。

3. 博物馆展品与深度学习的结合意义

将博物馆的丰富展品嵌入教学，能点燃孩子们的学习热情，驱动他们主动探索，深化与展品的互动。同时，教师能依据幼儿的学习进程灵活调整教学，助力他们在深度学习的旅程中，不断拓展认知，稳步提升学习成效。

（二）优势

1. 良好的活动体验：实物探索的奇妙之旅

博物馆的实物展品为幼儿班本深度学习带来富饶的实践体验。孩子们亲临其境，面对真实的文物，历史、艺术与科学的鲜活故事跃然眼前，唤醒他们的感官，激发无尽的好奇心。这种视觉与触觉的直接互动，使抽象知识变得具象生动，帮助孩子们在真实场景中感知和理解世界。

2. 自发的主动探索:启动学习热情的引擎

以博物馆为课堂,开展班本化深度学习营造了开放的探索天地,鼓励孩子们积极求知、自主发现。在这个环境中,孩子们不再是被动的接受者,而是主动的探索者,他们围绕展品提问、探讨,通过各种方式解决问题,这个过程既锻炼了解决问题的能力,也极大地激发了学习的兴趣和热情。

3. 连接的学习经验:得以保障的探索资源

博物馆丰富的资源为深化学习提供坚实基础。孩子们在与展品的互动中,不仅习得知识,也习得如何利用资源自我启发,这种体验式学习,让园内与园外经验的不断在"输入"与"输出"过程中实现理论与实践的结合,促进知识的内化与应用,这种连接性的学习经验,也培养了孩子们的独立思考和创新能力。

(三) 实施模式

经过实施由博物馆展品引发的班本化深度学习,我们探索出以下模式:**博物馆展品——幼儿——幼儿园综合主题活动——班本化深度学习**。

1. 注重展品选择与主题核心的关系。

在幼儿园的博物馆学习中,选择展品如同编织故事的魔法,能点燃孩子们探索的热情,拉近他们与世界的距离。例如,在探索科学的旅程中,那些历史上重大发明的展示,就如同时间的信使,引领孩子们穿越回过去,理解科学进步的足迹。教师需以教育目标为指引,精心选取与教学内容紧密相连、富有趣味性的展品,让每一次触碰都成为孩子们心中的一颗种子。

2. 结合实地参观与亲身体验的感受。

实地参观是孩子们接触博物馆的奇妙窗口,它让一切事物变得生动可感。教师可以倾听孩子参观后的感受,也可以提前规划,设置启发性的问题和话题,让孩子们带着好奇心踏上探索之旅。参观后,教师又成为解谜的引导者,帮助孩子们整理思绪,让体验和博物馆中收获的知识不断关联,让每个瞬间的感悟都深深烙印在他们心中。

3. 探索小组合作与项目式学习的方式。

小组合作是重要的环节,它鼓励孩子们共同探讨,共享智慧。教师可引导他们进行项目式学习,一起揭开画作背后的故事,一同揭示科学的奥秘。通过合作,孩子们学会倾听、表达、共同解决问题,这样的实践不仅锻炼了他们的团队精神,更激发他们的创新思维和动手能力。

4. 利用在线资源与实体展品的整合。

随着信息技术的进步,丰富的在线资源为教育带来了新的可能性。教师可以巧妙地将虚拟博物馆、在线讲座和互动游戏融入教学,让孩子们在实体展品和数字世界之间自由穿梭。

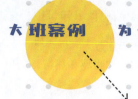

（案例提供者：高燕）

第一阶段：选择展品

在"我们的城市"的主题探索之旅中，孩子们驻足于"历史陈列馆"，一场围绕父母童年观影记忆的讨论点燃了他们的热情。他们投票选出最想解密的三大疑问："父母小时候如何看他们喜欢的动画电影？""以前有哪些动画电影？"以及"动画的魔法是如何产生的？"这些问题如磁石般吸引着他们。随后，他们集合成队伍步入"电影博物馆"深入探索电影放映的奥秘。

了解到电影的多种播放形式后，孩子们被一个挑战激励：以创新方式重播经典动画，这成为他们的行动目标。他们希望在作品展示中以独特的方式为父母放映一部他们喜欢的老电影，成为他们情感投入的源泉。因此，一场关于"怎样自己为爸妈播放一部老电影？"的探索之旅温馨启程。

第二阶段：亲身体验

教师基于博物馆中幼儿已参观的展品，如老式电影播放机、投影机等，提供丰富的材料激发孩子们自由玩耍和探索。邦邦操纵恐龙模型在投影屏幕前讲述故事："我是霸王龙，来捕捉小牛。"他不断变换恐龙使投影画面生动变化。睿睿在亲手搭建的小屋里用橡皮泥和树枝塑造树木，积木筑起小屋，纸杯变成小鼠，构建出一场微型的童话剧。嘉嘉展示出父母自制的投影仪，兴奋地说："这是爸妈做的，可以播放《齐天大圣》。"孩子们围拢过来，共同沉醉于光影世界。唯有琪琪对一台神秘的自动播放电影的小盒子产生了浓厚兴趣，他邀请睿睿和辉辉一同研究，他们长久地观察并询问："这盒子怎么能放出电影呢？"

教师理解他们对内部机制的渴望。于是，一个创新的提议被提出："我们把它拆开看看里面是怎样的，好吗？"孩子们脸上闪烁的期待验证了这一提议的适时与有效性。

孩子们对播放电影的强烈渴望驱动他们向父母求教，运用已知经验尝试自制，对所有可能的放映设备都表现出强烈的好奇。琪琪对神秘盒子的疑问反映出他对光影艺术的深入探索。接下来，我们将引导他们亲手拆解，通过实践揭示谜底，满足他们对知识的渴望，进一步激发对科学原理的探索热情。

第三阶段:实践探索

听到可以拆开的消息,可把他们乐坏了。琪琪敏捷地拿起剪刀,细心割开连接,揭示了内部秘密。她惊叹:"啊?那么简单?就一张纸板和一个手机?"辉辉指出:"盒子前面还有个洞,上面有镜片。"琪琪提议:"我们也做一个试试吧。"

他们开始制订自己的小计划,记录下制作纸箱投影机所需材料,有条不紊地准备。"高老师,能给我们两个纸盒吗?""没有镜片怎么办?"我问道:"你们需要什么镜片呢?"琪琪说:"放大镜上的那种。"我表示同意并和他们一起准备。材料收集齐备后,只见琪琪用了小纸盒做支架,可是这样的支架放在纸箱里导致纸箱的盖子盖不上,而且手机也没有办法固定在支架上。于是他们在班级里寻找其他支架,可不是太大就是太软。最终,他们决定用三角形的支架试一试,因为他们家里爸爸妈妈用的也是这样的。拿出纸板割成两个三角形,又用封箱带连接两个三角,装在盒子上,手机勉强支撑住了,投影机初步做好了。他们激动地跑到小黑屋里开始试验,琪琪兴奋地说:"放出来了,放出来了!"辉辉说:"可是好模糊呀。"于是,他们推着盒子一会儿近一会儿远。琪琪说:"近就变小了,远就变大了,可是好模糊啊。"

我意识到，博物馆中看到的展品呈现出来的电影效果大大激发了他们想要亲自完成制作投影机的热情。孩子们在内在动力驱动下产生了很强的自我计划意识和空间意识，也感受到了力的作用。同时又产生了一个新的问题："为什么投影机只能放出模糊的、很小的画面？"

我知道他们的困难源于投影机制作的关键，就是如何聚焦、如何清晰的问题。但是这个问题太过专业，需要专业人士来解答。

第四阶段：资源利用

专家爸爸来了，先通过AR（虚拟现实）技术和各种小实验让孩子们理解光的穿透和变化等原理。最后他尝试在孩子面前自制了一台纸箱投影机，这一举动非但没引得孩子的认同，反而引起了质疑："我们明明和你做的是一样的，为什么放出来的电影那么模糊呢？"专家爸爸回答："因为你们手机放的位置没有投到前面的镜片上，而且手机亮度是否调到最大也有关系。"琪琪说："我们用的是iPad。"专家爸爸答："iPad屏幕太大，但镜片比较小，所以你们需要一个更大的放大镜把电影放出来。"辉辉说："就是光不能一下子照进去。"专家爸爸答："所以你们用手机更合适。而且取镜的高度和距离也是有关系的。来，你们可以过来试一试。"于是辉辉、琪琪等把专家爸爸围了起来，一起尝试移动支架，把iPad换成了手机。最后，孩子们在尝试后成功将清晰画面投影在幕布上了。

令人惊喜的是，孩子们的提问异常专业，在动手操作、体验失败的过程中，已经感知了透镜、画面要在一条线上，支架的远近影响着画面的清晰度，放大镜的大小要和播放的机器大小匹配。并且不怕失败，愿意不断尝试并调整自己的行为。问题解决了，到底爸爸妈妈喜欢看什么电影呢？通过什么样的方式可以了解呢？我们共同商量，采访父母，自己制作、选择电影片段，在我们的毕业画展上成功将电影播放给爸爸妈妈看，给他们一个大大的惊喜。

（四）实施注意点

1. 家园沟通，精选内容

基于博物馆展品引发的班本化深度学习的起点在幼儿的兴趣，但是教师与家长要共同选择和沟通博物馆的内容，使其符合孩子们的学习阶段和兴趣。

2. 激发兴趣，耐心陪伴

孩子们在博物馆中的学习是一场奇妙的探索之旅。教师和家长应成为孩子们的启发者，既尊重他们的探索精神，又适时给予指导。鼓励孩子们分享发现，促进他们的深度学习，让幼儿的思考在分享中绽放。

3. 专业成长，智慧引领

幼儿园教师的专业素养与教学策略对孩子的深度学习至关重要。不断深化对展品历史、文化价值和科学原理的理解，具备反思和调整能力，依据孩子的反馈优化教学，以个性化的方式助力每个孩子全面发展。

总之，由博物馆展品引发的班本化深度学习让幼儿在博物馆内"输入"的问题和兴趣得以"输出"与延续，也让我们教师感受到了"更儿童的探究"。**"更儿童的探究"是关注幼儿的"内在动机"**，即教师敏锐捕捉孩子们的兴趣点，以此为动力，鼓励他们制订计划、积极行动、自我评估。**"更儿童的探究"是创设有趣的互动式环境。**为了营造"更儿童的探究"氛围，我们特别设计了互动式的环境。这些环境不仅有趣、可变，而且实时互动，如小小实验箱、神秘小黑屋、黑色实验板等，孩子们可以即时记录自己最真切的感受与发现，并与同伴和老师分享。我们还为孩子们打造了专属的探究角、博物角、好奇角、展示角，通过"一角一博物"探究活动，支持在有意义的环境中学习，满足了孩子们多样化的探究需求。**"更儿童的探究"是尊重幼儿发展规律评价。**"更儿童的探究"注重发展性评价，倡导孩子们在实践中边做边问，边思考边调整。他们对照自己的计划，发表见解，达成共识。孩子们记录下每一个探究的瞬间，这些记录成为他们反思与调整的依据，同时，这样的评价方式也帮助幼儿学会了解自己。

　　从中可见，博物馆教育展现潜力，不断启蒙幼儿的博物意识，为幼儿打造富有创新与更宽广视野的学习环境，助力他们在探索之旅中茁壮成长。

在当前的教育模式下,特别是在幼儿教育领域,环境和资源的有效利用是提升教育质量的重要途径。随着博物资源的不断丰富,以及班本化教育理念的深入人心,我们开始思考如何将这些资源和理念有机结合,从而促进幼儿的全面发展,并通过主题展的方式将博物资源和班本化教育进行有效融合,并详细阐述了主题展产生的背景、过程及其与博物探究的联系。

主题展作为一种新型的展示形式,其产生的根源在于对班级内部不同学习成果的串联与整合。这种形式不仅能够体现个体差异化的学习过程,而且可以作为新的学习资源,成为幼儿学习交流的平台。主题展的核心在于将共同的任务或兴趣作为引导,展示每个班在完成任务过程中的独特学习路径和成果。

首先,我们探究主题展与博物探究之间的关联。博物探究是对博物资源进行系统性学习的途径,它强调了知识获取的过程和方法。而主题展则是博物探究的延伸与深化。在博物探究中,幼儿通过观察、询问和实验等活动,积累了大量有关博物的知识。主题展则是将这些知识以作品、展示等形式呈现,使幼儿能够在分享交流中进一步深化理解。博物探究注重的是知识的初步引入和基础性学习,而主题展更侧重于通过具体成果的展示,激发幼儿对知识深度探索的兴趣。二者的关系是相辅相成的,博物探究为主题展提供了丰富的素材和灵感,而主题展则为博物探究提供了一个展示和反思的平台。

其次,我们思考共同任务兴趣与班本化发展的协同。在班本化教育模式下,每个班级都有自己独特的发展方向和兴趣点。但当这些个体的发展与共同的任务相结合时,便出现了一种新的教育现象。共同任务不仅仅是一个学习目标,更是一个连接不同班级、不同个体的纽带。它能够将不同班级的幼儿会聚在一起,共同探索同一个主题。这种协同,不是简单的拼接,而是一种有组织的整合。每个班级根据自己班级的特点和兴趣,对共同任务进行个性化的解读和实践。在这个过程中,幼儿的个性化需求得到了尊重和发展,同时也实现了班级之间的交流和合作。

最后,我们梳理主题展实施的流程与要点。在实施主题展的过程中,教师观察、引导、支持自己班级的孩子,同时教师之间也定期沟通与研讨。我们引导幼儿确定共同的学习主题,并鼓励他们根据自己的兴趣和特点,对这一主题进行深入探究。在探究过程中,我们为幼儿提供必要的资源和指导,帮助他们建立起系统性的知识结构。同时,我们还组织幼儿将自己的学习成果进行整合和展示。这可以是作品展示、汇报演出、主题讨论等多种形式。在展示过程中,幼儿之间的交流和互动是至关重要的,它们能够帮助幼儿从他人的成果中获得启发,进一步深化自己的认识。

主题展有效地结合了博物馆资源和班本化教育理念,为幼儿提供了一个展示学习成果、交流思想观点的平台。尽管在实施过程中会遇到各种挑战,但我们始终坚持以幼儿为本,充分尊重和发展他们的个性和兴趣,实现教育目标的最大化。

从环境浸润到班级特色活动,再到对主题展的探究,我们转变单一的思维模式,不再单纯地追随儿童的兴趣问题或仅关注博物教育的价值内涵,而是将焦点放在幼儿自然生发的问题和兴趣上,同时深入探究"个性"与"共性",以及博物意识之间的微妙关系。我们深刻认识到,教育不是一种单纯的知识传授,更是一种引导和激发幼儿内在潜能的过程。

一、模式一:基于共同任务的班组联合展

展览是博物馆实现其教育功能的主要形式之一,其中班组联合展是一种以特定主题为核心,由不同班组或团队共同参与策划和实施的展览形式。这种展览强调多元化的参与和协同合作,通过集结不同专业和技能的个体,共同完成一项艺术或主题展的组织与展示工作。班组联合展注重成员间的沟通、协作和创新能力的培养,旨在以集体智慧和团队精神推动展览项目的有效实施。

共同任务在班组联合展中扮演着至关重要的角色,它是推动团队成员朝着共同目标前进的关键动力。它不仅明确了展览的方向和目标,还能增强团队的凝聚力,促进成员间的相互理解和支持。在共同努力的任务驱动下,团队成员能更好地发挥各自的专长,实现相互配合形成合力,实现展览内容的丰富性、多元性和创新性。

(一) 选择联合展的共同任务

确定联合展的共同任务需要综合考虑多个因素。确保主题能够吸引目标观众的兴趣,同时

符合班组的兴趣和能力。可以通过问卷调查、集体讨论或灵感激发的方式,搜集班组成员的想法和建议,确保每个人都参与到主题选择过程中。

确定联合展的共同任务需要分析主题的相关性和时代性,考虑社会热点、文化趋势以及教育意义。例如,每年6月的大班毕业展可作为我们的共同任务,即策划属于我们自己的毕业展。毕业季不再仅仅是老师的安排或一首毕业歌,而是孩子们在幼儿园放飞梦想的起点。因此,"如何策划一场属于我自己的毕业展?"可能成为一个恰当的主题,既符合幼儿的年龄特点,又能帮助教师更多地站在儿童的立场上,倾听他们的心声,满足他们的需求,并激励他们大胆表达自我,实现小小的心愿。

在班组联合展的前期筹备阶段,确定任务是关键。我们需要明确联合展的主题和目的,这将决定所需资源的种类和数量。通过与各方协商,我们确定了内容、场地和物资。

一天社团议会时,老师问五个班级的孩子代表:"马上就要毕业了,你们想要一场怎样的毕业典礼呢?"孩子们给出了各种不同的答案。"毕业了是要拍毕业照的。""毕业的时候还有毕业典礼。""我觉得毕业典礼最好可以大餐一顿。""我想老师能带我们去毕业旅行。""我想把自己最厉害的作品在毕业典礼上拿出来给大家看。"……

其中,有一个女孩的发言特别令人感动。她曾经参加儿童画展并展出自己的作品,当大家看到她的作品时,她感到非常快乐,这份快乐来自更多人认识她并喜欢上她的画。关于毕业典礼,她希望策划一场属于自己的作品展,最初的梦想就从这里启航了,教师敏锐地捕捉到了"画展"这个关键要素。于是,这个作品展成了展示个人才华和留下美好回忆的平台。既能满足幼儿自己提出的愿望,又能通过策展、布展、展品的收集维护、邀请参观人员等环节将博物意识的萌发融于其中。

最后,我们共同决定毕业季展览的共同主题是"策划一场属于自己的作品展"。这是一次学习品质的培养和博物意识的融合,也是一次有趣的班组联合展。

(二) 实施阶段:组建社团与明确分工

在实施共同任务的联合展中,明确的分工是确保活动顺利进行的关键。要根据每个孩子或者班组的兴趣特长来分配合适的角色。例如,有些幼儿可能在策划方面表现出色,而另一些则擅长现场布置。围绕作品展,我们成立了适合不同幼儿的五大社团,让幼儿按相同或相似的兴趣聚集在一起,发挥各自所长,以实现团队效能最大化。

新闻社:作为活动宣传的核心,不仅承担宣传工作,还开设新闻工作坊,培养孩子们的采访和传播技能。通过实时报道,将展览幕后故事与师生、家长、社区分享,提升活动的公众关注度。

建构社：根据空间和主题设计制作展览的展架。孩子们根据展品的大小和材质来决定展示空间及陈列方式。

孩子们在搭建不同的作品展架过程中产生了两个问题。问题一：展架是为了展示作品，什么样的展架才最合适呢？问题二：搭建的展架如何让参观的来访者喜欢？当遇到自己社团无法解决的问题时，他们走进了美劳社，与小伙伴们共同商量，大家各司其职，也感受到"相信自己，相信伙伴"的力量。

美劳社：致力于整体视觉效果的增加。他们负责作品的布局和设计主题相应的周边产品，通过色彩、材质和灯光的巧妙运用，营造出引人入胜的观展氛围。

美劳社里孩子们在争论："我的 LOGO 好看？""不，用我的。"如何把评选出来的 LOGO 设计到收集来的各个纪念品上？于是，黑白配、投票、用自己的喜欢的 LOGO 等想法应运而生，老师让孩子们自己去实施自己的想法。我们在解决问题的过程中，培养幼儿灵活多变、不惧怕困难的思维素养，知道任何一个问题都是有多种答案的，大家可以都试一试。

光影社：承担播放老电影的重要任务。他们精心挑选了适合自己或自己父母喜欢观看的经典电影，并准备了投影设备和环境。通过自制纸箱投影机的运用，光影社的孩子们带来了一场视觉盛宴，让参观者在观影中感受经典电影的魅力。同时，光影社还设置了互动环节，鼓励参观者播放电影，激发其创造力和想象力。

博物社：扮演策展人的角色，负责展览的策划与实施。他们需要研究每件作品，确定展示内容，规划观展路线，设置互动环节，确保展品的回收、保存与更换。

博物社面对160件作品，仅有一周的时间，如何在有限的时间里快速又准确地分类好作品呢？孩子们再次感知时间，最终将作品从主题、颜色、情绪进行归档。他们做了一个小计划，利用有序分类的方法，体验到许多合理利用时间的方法。

孩子们从提出问题——商量计划——探究实践——反思再试——展示表达这五个步骤开始探究，这种"做中学"模式能有效促进每个孩子积极反思、调整策略，以最佳状态呈现成果，展现了团队合作与创新的力量。例如在"我策划的一场属于自己的作品展"中，我们把孩子推到更前面，试图站在他们的立场，设计有意义的策展计划，寻找可利用的周边资源、探究感兴趣的话题、完成有趣味的任务、解决想解开的问题。在这个过程中，我们不仅积累了班组联合展示的方式，同时也发现了每个群体在其中的成长与变化。

(三) 后期总结：成果展示与经验分享

展览的最后阶段，是成果的展示和经验的总结分享。成果展示需要精心策划，确保每个项目都能得到充分的展示，同时给观众留下深刻印象。利用多媒体技术可以增强展示的吸引力，增强教育效果。经验分享则通过讨论会、工作坊或在线论坛的形式进行，让参与者和观众分享观点和建议。这个过程有助于提高未来活动的质量，也是团队成员学习和成长的机会。对整个活动进行反思和评估，识别成功之处和不足，为未来的改进奠定基础。

在这个环节，每个参与者都有自己的分工。

- 孩子：通过打卡与评选"我最喜欢的博物馆环境"，承担相应的博物馆工作人员职责、绘制动线地图、介绍博物馆内容，培养孩子搜集与分享的经验、发现与解决问题的能力，儿童学会提出个人的观点、民主参与美术馆每一处环境创造、课程创建、经验创生，成为一个会自主交流与表达情感，共同感受与分享快乐，广博探究与民主参与，身心健康并体验社区公益的小小博物家。

- 家长：基于"具有博物意识的幼儿园课程的创建与实践"，我们邀请家长专业顾问团和老师共同支持"我策划的一场属于自己的作品展"的创建，并参与"我最难忘的作品"的投票。

- 教师：加入"我策划的一场属于自己的作品展"的展览，成为和幼儿一起感知世界、认同和践行自身文化的人。在展览过程中不断发现、肯定、支持幼儿的"内在生命力"，尊重幼儿的主体性，为幼儿提供具有激励性的环境材料和互动的对话，支持幼儿像幼儿那样学习与发展。

- 幼儿园：师生、家长及专业顾问团在家园社区开放日开展幼儿园的博物馆创建并开放。我们以刘海粟美术馆作为"没有围墙"的教学资源，探索更好的经验迁移方式，借助他们的场地布展。

实施基于共同任务的班组联合展时，需要关注以下事项：

1. 思考儿童友好的安全保障

策划幼儿园班组联合展示时，孩子的活动空间较大，并可以自由在幼儿园多个楼面活动，我们首要考虑的是如何为孩子们创造一个既有趣又安全的环境。因此，我们需要全面检查活动场地，确保所有角落都是儿童友好的；并特别关注安全出口和消防设施，确保它们易于孩子们理解和使用。此外，展品的摆放和选择也要考虑到儿童的安全，避免使用易碎或尖锐的物品，以确保不发生意外风险。同时，教师的站位也要固定和商量好，确保观察没有死角。我们会通过互动游戏、安全教育故事等方式，增强孩子们的安全意识和自我保护能力。

2. 设计符合儿童特点的互动环节

为了让孩子们在展览中收获快乐和知识，我们注重展览设计与内容的呈现方式。我们选择符合儿童年龄特点和兴趣爱好的展品,采用鲜艳的色彩和生动的图案,以吸引孩子们的注意力。同时,设计一些有趣的互动环节,让孩子们能够亲身参与,体验展览的乐趣。在展览中,也可以设立投票箱或反馈表,鼓励孩子们分享他们的感受和建议。通过收集和分析这些反馈,我们可以不断改进展览的设计和内容,确保它们更符合孩子们的需求和期望。

总之,本次班组联合展围绕毕业季这一主题,为孩子们提供了一个展示自我作品的平台,更成为一次深度学习与体验的旅程。未来,我们期望班组联合展能够更进一步,不局限于毕业季的主题,而是拓展到更多社会关注的领域。例如,探讨环保问题、珍稀动物保护等,激发孩子们的社会责任感与参与意识。我们希望通过联合展的形式,让孩子们能够走出课堂,与社会进行广泛的接触与互动,实现学校教育与社会实践的有效衔接。通过与博物馆、艺术馆等机构的合作,提供孩子们更高水平的学习平台,拓宽视野,提升内涵。同时,将班组联合展与课程教学紧密结合,使之成为孩子们学习过程中的重要组成部分,不断提升教育的实践性与有效性。

二、模式二:基于共同兴趣的联合展

基于共同兴趣的联合展,本质上是教育理念的创新实践。它倡导的是一种跨越年龄与学科的学习模式。在联合展中,孩子们将共同兴趣转化为集体探究的动力,这不仅增强了他们对特定主题的深度理解,也增强了他们的社会交往能力。在此过程中,孩子们不再受限于按年龄设定的学习内容,而是可以自由地在知识的海洋中遨游,激发了他们自主学习的潜能。

共同兴趣作为联合展的黏合剂,将不同年龄和认知阶段的孩子们联系在一起,共同参与、研究和创作。这样的活动让孩子们在实践中体验到学习的乐趣,并培养了他们的团队合作、问题解决和批判性思考的能力。对幼儿园教师而言,这种模式提供了新的教育策略,教师可以此为桥梁,引导孩子们从生活中汲取知识,将博物馆的教育资源与课堂教育相结合,使教育更具有实效性和趣味性。

联合展不仅是一场展览,更是一场生动的学习旅程,让孩子们在共享的兴趣中找到学习的驱动力,进而实现自我成长。这一模式鼓励教师以孩子的兴趣为引导,设计更多互动性和探索性的活动,从而进一步丰富和深化孩子们的学习体验。因此,当孩子们发现共同的兴趣时,能跨越年龄的界限,不受时间的约束,自发而愉悦地聚集在一起,共同探索那些有趣的事物。

(一) 捕捉幼儿的兴趣和需要

"建设班级博物馆意味着要有目的、有计划地精心呈现一些具有重要博物价值的事物、现象,供幼儿观察、操作和欣赏。"①虞永平教授的这段话明确指出了在确立博物馆主题时,除了要贴近幼儿的生活,符合幼儿的兴趣需要外,更需要关注事物的探究价值。在开展基于幼儿兴趣的联合展时,教师要创设一些引发幼儿思考和探究兴趣的环境,让幼儿能在环境中欣赏和探究,拓宽自己的视野。同时在环境中捕捉到幼儿的兴趣,开展有主题、有内容的主题展,并招募有共同兴趣的孩子深入探究。

1. 理解幼儿兴趣的多样性和独特性

幼儿是有擅长和偏好的,我们要尊重和发现幼儿的兴趣和强项,并提供多种方式来支持他们的学习。尤其当孩子在自主游戏的状态中,我们就比较容易发现他们兴趣的倾向是不同的。在对同一事物展开探索时,幼儿的兴趣不同会导致探索的方向不同,有的幼儿对偏科学类的探索实验感兴趣,有的幼儿则喜欢开展艺术类的创造和探索,所以支持幼儿以项目小组的形式开展既能让幼儿有自主选择的权利,又能让幼儿有充分的时间和机会在自己感兴趣的项目中开展深入探究。

2. 连续观察记录幼儿日常兴趣表现

在设计联合展时,教师们首先要观察和记录孩子们日常活动中表现出的兴趣点,例如,当孩子们对纸的多样性和用途表现出浓厚兴趣时,教师可以将这一主题作为联合展的核心。通过观察,教师进一步发现孩子们在游戏、创作和日常互动中,对某一事物的潜在可能性提出的许多问题。这些问题是孩子自发的探索欲望的体现,也是他们对世界认知的自然延伸。因此,设计联合展时,教师要把这些问题纳入课程框架,以问题为导向,引导孩子们进行系统性的学习和探究。

3. 确保展览内容与幼儿兴趣的契合度

联合展览的主题选择应当基于幼儿的兴趣与需求,并需要兼顾教育意义和探究价值。教师需要精心策划展览内容,确保它们能够引起幼儿的兴趣和好奇心,同时也能够引导他们提出问题、探索未知。例如,如果发现一群幼儿对恐龙感兴趣,那么可以策划一个以恐龙为主题的展览,展示恐龙化石、骨骼模型以及相关的历史和科学知识。环境是幼儿学习的第二教师。在联合展览中,教师应当创设能够引发幼儿思考和探究的环境。这包括设置互动的展览元素,如触摸屏幕、模型操作台;提供丰富的探究材料,如科学实验工具、艺术创作材料;以及设计开放式的问题和任务,鼓励幼儿参与讨论和探索。

孩子们即将迎来新的一学期,开学的博物教育活动成为我们第一天的特别仪式,老师和孩子在"三廊一馆"中席地而坐,了解自己幼儿展出的展品及背后的故事。不同年龄段的孩子们轮流走进了艺术长廊,认识艺术家和他们的作品,感受艺术作品的有趣。再从听讲到自己动手操作,

---

① 虞永平.学前课程与幸福童年[M].北京:教育科学出版社,2012:2.

通过积极观察、深入探究一张纸的神奇,从玩纸进一步理解艺术家所要表达的艺术表现力,感知、理解,并愿意用自己的一百种语言去表达。

面对孩子们这些充满好奇与探索欲的问题,我们思考如何从课程的角度出发,引导他们进行深入的研究和拓展。于是,我们设计了一系列实践活动,包括体验、观察、操作和欣赏,让孩子们在跨级组的合作中共同揭开纸的秘密,激发他们的求知欲和博物意识。这样的联合展不仅满足了孩子们对纸的探究欲望,也促进了各班级各年龄段之间的交流与合作,进而萌发出广泛关注与积极探究的博物意识。

(二) 实施基于共同兴趣的联合展

在实施的过程中,教师需要注意以下几点:

1. 关注幼儿兴趣,联结资源与展示内容

在博物馆环境的初期构建阶段,幼儿的参与至关重要,而家长与社区的贡献同样不容忽视,他们不仅是环境创设的积极参与者,更是丰富的课程资源库。以"纸博物馆"为例,搜集日常生活中的各种纸张时,我们充分利用家长的专业背景,如超市员工提供的促销传单、纸箱厂家长贡献的独特纸箱,这些都极大地丰富了馆藏。幼儿与家长共同搜集的纸品随后在馆内展出,由孩子们主导分类和布置,充分体现了他们的创新思维。

在首次搜集活动中,孩子们搜集了日常生活中的各种纸张:"这是日报""那是硬纸板"……共同整理、分类,展示了纸世界的丰富多样性。在第二次搜集活动中,他们围绕纸的奥秘展开讨论:"这是什么奇特的纸,它会闪闪发光?""锡纸有什么特殊的作用?""每一张纸都有自己的作用吗?"这些疑问激发了孩子们设计调查表,他们带着探索的热情,启动了"纸的叙事"研究项目。"我对锡纸充满好奇,它在妈妈烤牛排时扮演着重要角色。""砂纸的粗糙质感吸引我,工人们用它来打磨物品……"

这些小小探索者们急切地与伙伴分享着他们对纸张的新知,并以独特的"纸博物馆"展览来展现丰富的创新思维。

幼儿的兴趣是推动博物馆环境创设的内在动力。在"纸博物馆"项目中,我们注意到孩子们对不同纸张用途的好奇,于是引导他们与家长共同探索纸的多样功能。家长的工作背景为幼儿提供了丰富的实践场景,如超市宣传单的制作过程、纸箱厂的生产流程等。这些生动的故事激发了幼儿的想象力,他们将这些体验融入展示设计中,如模拟超市陈列宣传单,用纸箱搭建微型高楼,实现了资源与幼儿兴趣的深度融合,也丰富了博物馆的互动体验。

2. 结合一日生活，创设互动式的探究环境

在博物馆的环境中，重要的是为幼儿提供观察、操作和探究的环境并将课程渗透在一日活动之中。所以需要初步创设能够引发幼儿思考和互动的主题性区域游戏环境，让幼儿的探索和游戏过程得以展示，也能保持他们的游戏兴趣。纸，作为中国古代四大发明之一，早已深深融入我们的日常生活中，以大班"纸上繁华"课程为例，在孩子们的游戏、生活和学习中，纸更是不可或缺的伙伴，是他们发挥想象、实践创作的宝贵材料。在接触和使用纸的过程中，我们通过提问让孩子们的好奇心不断被激发："纸的种类到底有多少？纸有哪些用途？纸还能怎么玩出花样？"我们投放了一些关于纸的艺术展览照片以及幼儿收集的各种各样的纸，幼儿在欣赏的同时，也能根据自己的需要进行艺术创作。我们收集了幼儿的"问题"和"发现"，从而引发同伴之间、师幼之间的互动，让探究活动不断推进。

3. 促进幼儿自主性，实践小组合作探索

小组合作探索模式能满足幼儿多元化的游戏与探索需求，同时深化聚焦的探究活动。在指导幼儿参与小组合作时，首要原则是尊重其自主性，鼓励他们依据个人兴趣做出决策。其次，我们强调合作过程的培养，鉴于不同年龄段幼儿的合作意识和技能不同，教师应关注他们在解决问题时的差异和合作行为，促进合作能力的增强，而不仅是追求合作的成果。最后，我们注重探究的专注度和深度。深度学习并非孤立于单一活动，而应贯穿于各种探究之中。为了实现深度学习，教师需提供充足的时间和空间，支持幼儿全身心投入，引导他们关注游戏中的挑战，尝试多样化的解决策略。于是，基于小组合作，不同的组合探索除了纸中不同的奥秘，每一组陈列出来的成果也深深吸引着彼此。

案例   纸上繁华

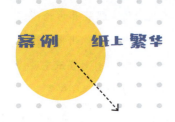

探究与发现 1：可以装饰教室的纸老虎

不同的纸，牢固度是不同的。有的纸软软的，承受不住力量，很容易被破坏；有的硬硬的，可以承受较多的重量，且不容易被破坏。孩子们用硬硬的纸作底板，软软的纸作装饰来制作可爱的纸老虎。

探究与发现2：能做故事书的硬硬纸

故事书是我们都喜欢的书，对于它用的纸，我们也特别好奇。通过调查，我们发现，故事书需要用硬硬的纸来做。于是我们在家收集了各种纸，自制了一本《虎年趣事》的书，它是用很多不同的纸做出来的。

探究与发现3：能在水里游泳的纸

原来在纸的世界里，有的纸怕水，有的纸会"防水"，比如硬硬的、光光的纸。在真实情境下对事物的现象进行探索和体验，对小班孩子来说更富有趣味和快乐。于是我们和爸爸妈妈用各种各样的纸开启了小实验，看看哪种纸做的小船可以在水里游泳呢。

探究与发现4：能做灯笼的纸

哪些纸可以透光？和同伴一起用"纸"制作新年灯。玻璃纸灯、草木宣纸灯、塑封纸礼盒都被我们发现被找到，一起探究、一起制作，孩子们把整个教室都点亮了。

探究与发现 5：把东西变美的纸

鲜花、礼物外面包装的纸怎么那么漂亮，原来这些纸需要设计美丽的花纹和图案。为售卖的物品增加美感。我们各司其职为花店做上最后的装饰，卷一卷、折一折，装饰我们自己的花店，让更多的小客人喜欢上它。

探究与发现 6：能放礼花的纸

宝贝们在一起用纸杯和气球制成空气礼炮，尝试用各种材质不同的纸做礼花，体验着礼花绽放的远近不同变化。

探究与发现 7：中国的造纸术

在看了有关造纸术的视频后，孩子们对蔡伦的造纸术产生了兴趣，激发了探索的欲望。于是大家一起来动手试一试纸的再造，还在里面添加了干花和绘画的元素。

　　一张薄薄的纸，萌发了孩子们尝试、实验的奇思妙想，蕴含着孩子们探索、体验的小故事；孩子们在操作实践中自然而然地习得经验，在游戏观察中发现了纸的小奥秘。

最终这些"纸"做的作品又回到我们幼儿园公共区域:在"三廊"中,形成跨级组的小小博物角,供幼儿园里每一个孩子欣赏,成为又一件在幼儿园博物馆里能够做的事情,用一个小小的博物角萌发更多幼儿的探究与发现。

(三)注意事项

上述案例"纸上繁华"通过一系列与纸相关的探索和创作活动,为孩子们提供了丰富的学习体验。该活动不仅挖掘并培养幼儿们的博物意识,还促使我们进一步思考基于策划、基于共同兴趣的联合展时应思考的内容:

- 共同参与原则:确保所有参与者都拥有发言权和参与度,体现出联合的"联合"本质。

- 尊重多样性:在策划和实施过程中,要尊重并体现不同参与者的观点和差异。

- 资源的有效利用:合理分配资源,做好前期梳理,确保资源的高效利用。

- 沟通协调:在整个展览策划和实施过程中,保持团队内部沟通和协调。

- 展示与展出作品:将孩子们的作品展示在幼儿园的公共区域,让其他孩子和家长欣赏。这不仅增强了孩子们的成就感,还能激发更多人的探究兴趣。同时鼓励他们分享经验,继续探究活动结束后纸张的其他用途和特性,培养他们的持续学习习惯。

- 后期反馈:展览结束后,应认真收集反馈信息,作为未来改进的基础。

通过这些方法,孩子们不仅能够学习到关于纸张的知识,还能够培养他们的观察力、思考力、创造力及反思能力,从而增强他们的博物意识。

在追求高质量的幼儿教育过程中,我们经常面临一种挑战:如何在满足幼儿个性化需求的基础上实施高质量的课程。本章我们就通过一系列积极实践,深入探讨如何将博物课程与班本化教育模式相结合,以激发幼儿的好奇心、创造力和探索精神。

我们首先发起动态馆的实践模式,这一模式突破了传统博物馆静态展示的限制,提供了一个灵活、多变的学习环境。在这种环境中,幼儿能够根据自己的兴趣和需求,随时进行交流、收藏、学习和策划展览。这不仅满足了幼儿即时的学习与创造需求,而且培养了他们的博物意识,让他们认识到世界的多样性。在这种模式下,每个孩子都有机会成为知识的探索者和创造者。

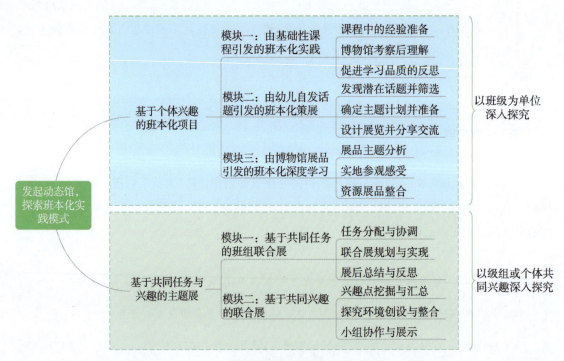

班本化动态馆实践模式

　　紧接着，我们聚焦班本化项目，强调了教育实践中对幼儿个性化发展的重视。我们尊重和培养每个孩子的不同兴趣和潜能，通过班级特有的活动和环境，为他们提供个性化的学习内容和方法。这种实践，加深了教师对幼儿个性特点的了解，使课程内容更加贴合幼儿的需求，实现了有趣、有深度且可持续的博物学习。

　　随后，我们积累了基于共同任务与兴趣的主题展模式。这种模式强调不同班级之间以及班级内部的协同和合作。通过共同的任务或兴趣点，幼儿被引导进行深度学习，并展示他们的学习成果。这种教学模式不仅仅是学习目标的实现，还是班级间交流和合作的桥梁。

　　在这个过程中，我们对教育目标和个性发展进行了深刻的思考。我们认识到，教育不应只是知识的传授，更应是一个激发幼儿内在潜能的过程。通过环境浸润、班级特色活动和主题展的探索，我们实现了教育目标与个性发展之间的平衡和共融。

　　通过这一系列的实践和思考，我们得出一个结论：班本化教育和博物课程的融合，为幼儿提供了一个富有启发性的学习环境。这种环境不仅满足了幼儿个性化发展的需求，而且通过集体活动，培养了幼儿的社会性、团队精神和集体荣誉感。我们坚信，通过这种方式，幼儿能在探索和学习的过程中找到自身兴趣与集体任务的结合点，进而实现自我价值。

凝聚在校园文化中的博物意识启蒙

上海市普陀区万里城实验幼儿园秉承"万里之行，始于足下"的校园文化，以"读万卷书，行万里路"为办园理念，以"儿童博物教育"为特色，助力每一个孩子成为"健康活泼、自主自立、博玩探究、合作乐群"的儿童。打造起一支"兼容并蓄、合作共赢、创新进取、自我实现"的保教队伍，成就一支朝气蓬勃、有职业幸福感，可持续发展的教师队伍。

校园文化：万里之行，始于足下

"万里之行，始于足下"结合了幼儿园的办园理念和课程设计，借鉴自老子《道德经·第六十四章》中的思想："合抱之木，生于毫末；九层之台，起于累土；千里之行，始于足下。"

意思是：合抱的大树，生长于细小的萌芽；九层的高台，筑起于每一堆泥土；千里的远行，是从脚下第一步开始走出来的。

正所谓"不积跬步，无以至千里"。这出自《劝学》："故不积跬步，无以至千里；不积小流，无以成江海。骐骥一跃，不能十步；驽马十驾，功在不舍。锲而舍之，朽木不折；锲而不舍，金石可镂。"

意思是：所以不积累一步半步的行程，就没有办法达到千里之远；不积累细小的流水，就没有办法汇成江河大海。骏马一跨跃，也不足十步远；劣马连走十天，它的成功在于不停止。（如果）刻几下就停下来了，（那么）腐朽的木头也刻不断。（如果）不停地刻下去，（那么）金石也能雕刻成功。

将博物意识启蒙融入校园文化之中

校园文化是幼儿园的灵魂，体现了一所机构的精神面貌和教育理念。当博物意识成为校园文化的一部分时，它便如同春风化雨，潜移默化地影响着每一位教师和幼儿及其家长。

在万里城幼儿园，我们坚信儿童不应只是校园环境的被动适应者，而应成为积极的参与者和创造者。因此,我们鼓励并支持孩子、教师与家长共同参与创建属于我们的园歌、园标及园所 IP 形象人物。

我们期待这些富有校园文化内涵的产物——能传递一种思想、一种理念、一种文化、一种内涵,陪伴孩子们成长,成为他们美好童年记忆的一部分。

幼儿园视觉化形象设计对幼儿园意义重大,它不仅关乎幼儿园的外部形象展示、更深入到幼儿园的品牌建设、教育理念传达,以及家长与幼儿的情感连接等多个层面。以下是万里城幼儿园蕴含博物意识启蒙的各种形象设计简介。

绽放的幼儿园园标

关键词 1:绽放的太阳花

每个儿童都是一朵与众不同的、拥抱朝阳而绽放的太阳花。他们愿意在大自然、大社会中探索,绽放的姿态感觉充满着对梦想和生活的热爱,并且如同太阳花一般有能力、有责任感,永不放弃。

寓意:百花绽放——象征着百花盛开,丰富多彩。比喻同一事情的不同做法、同一内容的不同形式或同一类东西的不同品种,丰富繁多。寓意万里城实验幼儿园的每一个孩子可以在生活中、在成为小公民的路上以不同形式和风格自由发展。

关键词 2:WLC 笑容 LOGO

WLC 是"万里城"拼音的缩写,转化为儿童微笑的面孔图案,抽象且可爱。我们可以想象成孩子见多识广充满自信的笑容,负责任、有能力的坚毅笑容;以及充满爱心与同情心的温暖笑容,让大家一起感受课程给儿童带来的欢声笑语。

寓意:读万卷书,行万里路,阅读和旅行让我心花绽放。寓意幼儿园里的每一个幼儿每天都能高兴得像花儿盛开一样。

关键词3:多变的绿色花瓣

延续原园标的绿色主题色调:绿色,既寓意着幼儿园里的幼儿像一株株绿树苗苗壮成长,将在幼儿园这片乐园中成长为参天大树。同时,也寓意幼儿园里的每一位老师与孩子们一同成长,郁郁葱葱,朝气蓬勃。

寓意:"万里之行,始于足下。"绿色渐变的小花瓣犹如孩子们留下的一个个绿色的足迹,富有个性与变化。足下色彩斑斓,每个人的万里之行都存在着千百种可能。

拥抱朝阳的园歌

园歌是一个幼儿园的精神的象征,会增加每个人的集体感和归属感。它是每个孩子爱园情感养成的催化剂,通过歌唱感受文化气质,是理想、要求、愿望的体现,更是幼儿园里每一个人的情感、追求以及对未来期许的心声。

《太阳花》

普陀区万里城实验幼儿园园歌

1=C 4/4

中速,优美地   家长与教师代表 词曲

0 5 1 2 | 3 3 3 3·4 2 0 5 7 1 | 2 2 2 0 4 3 3 0 5 1 2 | 3 3 3 0 5 6 6 0 7 6 |

青蛙用 大叶子 撑伞,蚂蚁用 小叶子 划船。我用叶子堆一 座山, 我收

5 5 5 0 4 3 2 1 0 5 1 2 | 3 3 3 3·4 2 0 5 7 1 | 2 2 2 0 4 3 3 0 5 1 2 |

集 叶子 做调色板。树叶组 成的太 阳花, 笑容爬 上了金 字塔。花瓣有

3 3 3 0 5 6 6 0 7 6 | 5 5 5 0 4 3 2 1 - | 3 5 1 1 5 6 6 5 4 4 |

自己的 想法。 歌声 飘过了 布达 拉。太阳花, 从这里 出发。

2 4 7 7 7 6 5 5 6 5 3 | 4·7 7 2 1 5 | 6 7 1 2 2 - | 3 5 1 1 5 6 6 5 4 4 |

太阳花, 踏着 勇敢的步伐。好 奇 和探索伴我长 大 。太阳花, 从这里 出发。

太阳花，踏着勇敢的步伐。好奇 和探索 伴我长 大，伴我长 大，伴我长 大 。

第一遍念白：你听到了什么新奇的故事？你又有什么有趣的想法？你最想发明什么？你喜欢我们的博物馆吗？
第二遍念白：我想听听公主的秘密，我想把天空变成紫色，我想发射火箭。我想把我们的幼儿园变成博物馆。

歌词第一段来源于幼儿园课程中的博物特色，家长、教师在幼儿园博物馆中对孩子行为的观察引发的灵感，如对自然的探究、对艺术的畅想、对某一事物的自我创意等。

歌词的第二段来源于幼儿园园标的意义解读，希望每一朵太阳花都带着自己独特的眼光和方式，探索更大的世界。念白部分来源于孩子们最真实的问答，凸显好奇心与童真。

歌词的副歌部分坚定而又愉快地表现出了太阳花光芒暖心，勇往直前，相互滋养，向光而行，寓意整个万里城架构起师生、生生、家长与老师、老师与老师，整个团队之间彼此的共情、互助、温暖心田，美好相处的每一天都是甜蜜如花，幸福着幼儿园里的每一个人。

今天，具有博物意识的幼儿园课程的创建与实践不再是实践活动的专属，它可以融入幼儿园的每一天，每一个环节的音乐中。孩子们可以一起哼唱一首他们喜欢的歌曲，小班弟弟妹妹来时，可以哼唱；大班哥哥姐姐毕业时，可以哼唱；我们每个人，想唱便可大声歌唱！

幼儿园的形象大使

我们为幼儿园设计了形象大使，男孩叫成小万，女孩叫成小里。

远观小万和小里,他们的脸部分别以"W"和"L"字母为基础,代表了师生共同的成长乐园"万里城实验幼儿园"。

近观小万和小里,小万脸部似一座高山,小里脸部似一条流水,象征着我们祖国美好的山川河流。小万和小里步调一致,大步向前,寓意"万里之行,始于足下"已然启程。

小万是乐学习的小博士,健康活泼,见多识广,有才气。

小里是乐实践的小能手,知礼乐为,自理自立,有朝气。

两个好朋友站在一起,如同幼儿园里的孩子们并肩而立,"分享合作,勇于担当"。

有才气的小万和有朝气的小里,读万卷书,行万里路,相互滋养,向光而行。让每个老师和孩子懂得知行合一,相互拥抱成长。

专属表情包

随着儿童博物馆课程的启动,万里城实验幼儿园的形象大使——小万和小里诞生了,他们的独特形象和表情包成为全园师幼共同回忆和快乐的一部分。

小万、小里专属形象 2022 版

他们象征着园中的孩子们,也是在园孩子们的朋友,同时也象征着我们的理想和愿望,即坚持儿童博物馆课程特色的实践,让每一个孩子通过玩耍和探索进行学习,促进他们综合素养的发展和博物意识的启蒙。

渐渐地,我们与小万、小里一起经历了四季的变化,我们有了不同季节、不同装扮的他们。

春天

夏天

秋天

冬天

慢慢地,在幼儿园课程的创建和实践中,验证了我们理念的一部分——孩子们可以翻越学校的围墙,像历史学家、科学家或者人类学家一样学习。

　　于是,小万和小里衍生出了六个相应的角色。

| 小厨师 | 建筑师 | 小主持 |
| 小学者 | 小画家 | 科学家 |

　　这六个角色承载了幼儿园"健康活泼、自主自立、博玩探究、合作乐群"的课程目标,既是一种实践的方式,也是实践的载体。

　　当我们鼓励孩子用100种语言表达自己的思想和情感时,小万和小里似乎也学会了孩子们的表情、语言、动作和思考,这些活动的背后又体现了我们课程的育人目标。看到这样的孩子,小万与小里也忍不住开始模仿,因此产生了我们的第一套表情包。

"健康活泼、自主自立、博玩探究、合作乐群" 这十六字的课程目标不仅体现在孩子身上,也在教师的眼中闪烁,还希望通过小万与小里的表情包传递给更多的家长、同行和伙伴。每次使用,都会让人想到幼儿园每一个快乐的孩子。

我们的形象大使将在实践中留下痕迹和展现自我,我们的课程将在实践中得到优化和积累,我们的孩子将在实践中得到启蒙和发展,让博物意识的启蒙深植于心,留存于脑海。